玩赚AI——
人工智能副业与创业变现实践

（微课视频版）

臧其超　策划
周璐　殷娅玲　周冰渝　编著

中国水利水电出版社
www.waterpub.com.cn
·北京·

内 容 提 要

本书是一本系统介绍人工智能时代，AI在创业或副业变现方面的应用实践指南，旨在为想通过AI改变生活的读者提供一个实践的思路。

本书共5章，分别讲解了AI在文案写作、图像处理、视频创作、音频制作等方面的应用。通过丰富的实例和详尽的讲解，带领读者进行各种尝试，帮助读者理解AI应用的核心逻辑并找到适合自己的创业或副业方向，可操作性很强。

本书不仅是一本技能教程，更是一本创意启发书，还配有视频讲解，适合生活在AI时代的创意工作者（如设计师）、职场办公人员、大学生群体，以及所有自媒体从业者参考学习。

图书在版编目（CIP）数据

玩赚 AI：人工智能副业与创业变现实践：微课视频版 / 周璐，殷娅玲，周冰渝编著. -- 北京：中国水利水电出版社，2025.9. -- ISBN 978-7-5226-3593-4

I. F241.4-39

中国国家版本馆 CIP 数据核字第 20255LL982 号

书 名	玩赚 AI——人工智能副业与创业变现实践（微课视频版） WAN ZHUAN AI-RENGONGZHINENG FUYE YU CHUANGYE BIANXIAN SHIJIAN
作 者	周璐　殷娅玲　周冰渝　编著
出版发行	中国水利水电出版社 （北京市海淀区玉渊潭南路1号D座 100038） 网址：www.waterpub.com.cn E-mail：zhiboshangshu@163.com 电话：（010）62572966-2205/2266/2201（营销中心）
经 销	北京科水图书销售有限公司 电话：（010）68545874、63202643 全国各地新华书店和相关出版物销售网点
排 版	北京智博尚书文化传媒有限公司
印 刷	北京富博印刷有限公司
规 格	148mm×210mm　32开本　6.375印张　216千字
版 次	2025年9月第1版　2025年9月第1次印刷
印 数	0001—3000册
定 价	59.80元

凡购买我社图书，如有缺页、倒页、脱页的，本社营销中心负责调换

版权所有·侵权必究

其他创业方式一章则包含了 PPT 制作、文创产品设计、UI 设计，通过实际案例，展示了 AI 技术在多个行业中的应用。这些案例不仅提供了丰富的创作灵感，还展示了将 AI 技术与实际设计需求相结合的思路。

2.本书特色

（1）多种 AI 软件的应用解析。本书囊括了多种当前市场上主流的 AI 软件，并以案例的方式展现了其核心技术与操作技巧。通过对这些软件的学习，你将能够紧跟 AI 技术的潮流，把握 AI 创业的方向。

（2）不同领域的实战案例展现。本书内容可满足当今市场上大多数行业领域的常见需求，但单一软件往往难以满足所有创作需求。因此，本书通过 50 个案例的展现，不仅为读者提供了丰富的创作灵感，更确保了想法的实际落地和创作效率。

无论你是初学者还是有经验的创作者，我们都希望本书能成为你学习和应用 AI 技术的得力工具，助力你的工作和生活。

尽管本书经过了作者和编辑的精心审读，但难免有疏漏之处，望各位读者体谅包涵，不吝赐教。

编者

说明：本书为重庆市南岸区图书馆"青年学堂"推荐读物。

前言

AI技术是当今时代新兴的颠覆性技术，其普及和应用降低了创业的技术门槛，提高了创业的效率。创业者不再需要深入掌握某些高度专业化的技术知识，而是通过使用现成的AI工具和平台来快速启动项目。

为了满足广大AI爱好者的学习和实际创业需求，我们创作了《玩赚AI——人工智能副业与创业变现实践（微课视频版）》。

1. 本书内容

文案写作一章通过不同类型的文案创作案例，向读者展现了AI技术在文案写作方面的优势，帮助读者提高文案创作的可能性和效率。

图像处理一章详细介绍了AI绘图的不同实操案例，将帮助读者使用AI工具创作出高质量的绘画作品，从而实现创业方面的想法落地。

视频创作一章深入探讨了AI软件在视频方面的应用，涵盖了内容分析、后期制作等多个方面。这些内容将启发读者利用AI工具进行更加专业和个性化的视频创作。

音频制作一章为读者提供了利用AI工具创作音频的各种实操案例，包括音频的制作和后期处理，可以帮助相关行业的从业者提高工作效率。

contents 目录

第 1 章　文案写作　001

- 1.1　创作广告文案　002
- 1.2　制作短剧剧本　004
- 1.3　创作公众号爆文　007
- 1.4　创作影评　011
- 1.5　写微头条　013
- 1.6　写新闻评论　016
- 1.7　写小说　018
- 1.8　优化简历及模拟面试　021
- 1.9　创作小红书文案　024
- 1.10　策划婚礼　026
- 1.11　创作正念语录　028
- 1.12　仿写名言金句　030

第 2 章　图像处理　035

- 2.1　制作 LOGO　036
- 2.2　制作头像　040
- 2.3　设计创意家居　043
- 2.4　创作国风作品　047
- 2.5　制作写真　051
- 2.6　制作英语美文　057

2.7	制作黏土滤镜风格图像	061		3.7	制作虚拟数字人讲课视频	149
2.8	制作心理测试图文	064		3.8	制作美食短视频	155
2.9	设计婚礼现场	068		3.9	制作治愈风景短片	159
2.10	设计首饰	072		3.10	制作宠物办公短视频	163
2.11	创作 Q 版人物	075				
2.12	制作创意图片	079				
2.13	设计海报	083				
2.14	设计英语闪卡	089		第 4 章	音频制作	167
2.15	制作表情包	096		4.1	制作有声绘本	168
2.16	制作形象照	101		4.2	制作歌曲	173
2.17	定制红包封面	103		4.3	制作影视配乐	176
2.18	制作电商模特产品图	109		4.4	克隆语音	179
2.19	制作创意儿童相册	113		4.5	制作多语种配音	182

第 3 章	视频创作	119		第 5 章	其他创业方式	185
3.1	制作独居 vlog	120		5.1	制作招商方案 PPT	186
3.2	制作古诗词动态视频	125		5.2	制作科普知识 PPT	189
3.3	制作小说推文短视频	129		5.3	设计文创产品	193
3.4	制作神话故事短视频	135		5.4	设计 UI	196
3.5	制作治愈家居视频	141				
3.6	制作虚拟数字人直播视频	146				

第 1 章

文案写作

AI工具在文案写作中的辅助作用日益显著,能够迅速处理大量数据和信息,快速生成文案,大大提高了写作效率。AI工具还可以根据用户的个性化需求生成定制化的文案内容,提高文案的吸引力和转化率。

1.1 创作广告文案

使用 AI 技术创作广告文案有诸多优势，这些优势不仅提高了广告创作的效率，还增强了广告的吸引力和效果。

- 平台：小红书、抖音
- 工具：文心一言
- 方式：流量视频变现、文案变现、广告创意变现

案例展示

案例实操

AI 工具能够精准分析目标受众的特征和需求、学习并理解消费者的行为和偏好，从而生成更加个性化的广告内容，提高广告的点击率和转化率。

下面将详细讲解为智能空气净化器设计广告文案的过程。

1. 生成广告文案

AI 工具能够根据用户的行为数据、兴趣偏好和购买历史等信息，生成高度个性化的广告文案。这种个性化定制不仅提高了广告的相关性和吸引力，还增强了用户体验，有助于提高广告的转化率。

步骤 1

用浏览器搜索"文心一言"，单击链接进入网页版首页。在对话框中输入问题，让其生成一段广告文案的指令，如图 1-1 所示。

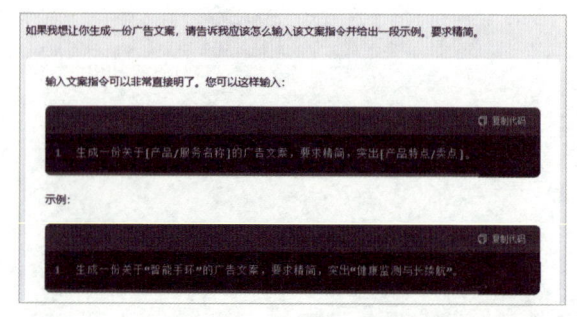

图 1-1

步骤 2

对具体要求和细节进行调整,例如"请创作一份关于'智能空气净化器'的广告文案,重点强调其'高效除霾,静音运行'的特点,目标受众为注重生活品质的家庭用户,文案风格温馨感人,字数控制在 100 字以内。"如图 1-2 所示。

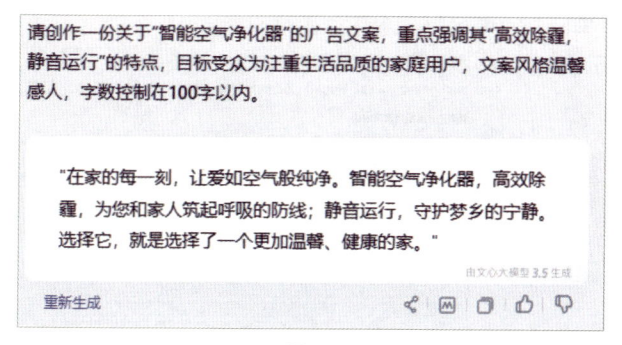

图1-2

2. 根据广告文案生成拍摄脚本

基于生成的广告文案,还可以借助一言百宝箱中的指令模板,生成一个广告拍摄脚本。

步骤 1

在左侧菜单栏中找到"一言百宝箱",在搜索栏中输入"广告脚本",并选择使用,如图 1-3 所示。

图1-3

步骤 2

在对话框中继续输入指令，要求其凸显主题并融入广告文案，如图 1-4 所示。

> 现在你是一名智能空气净化器广告导演，需要创作一个简短的广告脚本，重点强调其"高效除霾、静音运行"的特点，并将以下广告文案融入：在家的每一刻，让爱如空气般纯净。智能空气净化器，高效除霾，为您和家人筑起呼吸的防线；静音运行，守护梦乡的宁静。选择它，就是选择了一个更加温暖、健康的家。
>
> 智能空气净化器广告脚本（简短版）
>
> 场景一：家庭客厅，窗外雾霾
> （镜头从窗外雾霾朦胧的城市景色拉回室内，一家人在客厅中温馨相处。）
> 旁白（温暖、安心）："在家的每一刻，都值得被纯净的爱包围。"
>
> 场景二：智能空气净化器特写
> （镜头聚焦在智能空气净化器上，显示其正在高效工作，指示灯闪烁。）
> 旁白："智能空气净化器，高效除霾，为您和家人筑起一道坚实的呼吸防线。"
>
> 场景三：家庭成员深呼吸
> （家庭成员深呼吸，脸上露出满意的微笑，仿佛能感受到空气的清新。）
> 旁白："每一次呼吸，都是对健康的承诺。"

图1-4

1.2 制作短剧剧本

制作短剧剧本是将一个故事或创意转化为适合在抖音等平台上进行短视频表演的文本的过程。结合平台的特点和观众的喜好，我们可以使用 AI 技术创作出短小精悍、主题鲜明、画面感强、互动性强的剧本。

案例展示

- 平台：抖音、小红书
- 工具：通义千问
- 方式：流量视频变现、抖音变现、小红书变现

案例实操

AI 工具可以根据输入的主题、题材、人物等信息，快速生成剧本的框架，包括剧情梗概、人物关系、场景设置等，从而节省大量的时间和精力。

第 1 章 · 文案写作

下面将详细讲解制作短剧剧本的过程。

1. 制作剧本内容

AI工具可以提供各种创意素材，如流行梗、热门话题、经典故事等，帮助用户激发创作灵感。

步骤 1

用浏览器搜索"通义千问"，单击链接进入网页版首页。唤起指令中心，搜索"剧本专家"，并选择"电影剧本专家"，如图 1-5 所示。

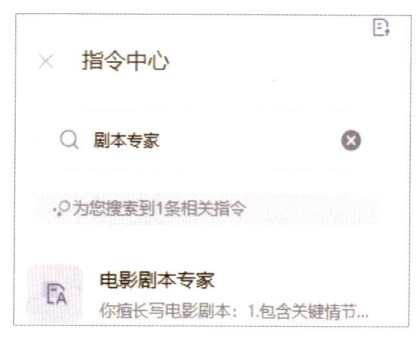

图1-5

步骤 2

在对话框中输入指令，需要体现出对短剧剧本的人设和主题的需求，如图 1-6 所示。

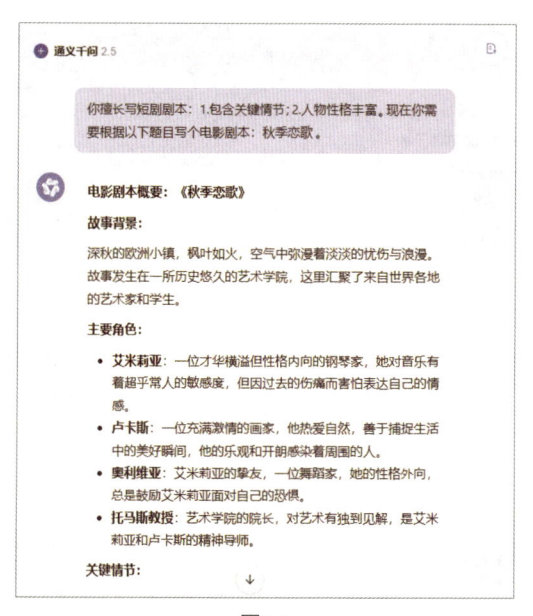

图1-6

2. 脚本创作

脚本是指导演员表演的文本,包括人物对话、动作指示、场景描述、舞台指示等。脚本是拍摄短剧的基础,决定了作品的整体风格和内容。

下面用通义千问继续脚本的创作。

步骤 1

在对话框中继续输入指令,例如"将该剧本转为视频脚本,要求有画面内容、景别、拍摄机位、人物动作、对白、声音,以表格形式展示。"如图 1-7 所示。

> 将该剧本转为视频脚本,要求有画面内容、景别、拍摄机位、人物动作、对白、声音,以表格形式展示。

图1-7

步骤 2

发送指令后,生成的脚本如图 1-8 所示。

> 将该剧本转为视频脚本,要求有画面内容、景别、拍摄机位、人物动作、对白、声音,以表格形式展示。

将剧本转换为视频脚本时,我们通常需要详细地规划每个场景的视觉元素、声音设计以及摄影指导。以下是《秋季恋歌》部分场景的视频脚本示例,以表格形式呈现:

场景编号	时间/地点	景别	拍摄机位	画面内容	人物动作	对白	声音效果
SC001	早晨,公园	全景	广角镜头	秋天的公园,满地落叶,阳光从树梢洒下			鸟鸣,远处的钟声
		近景	手持摄像机	艾米莉亚坐在长椅上,低头沉思			
		中景	固定机位	卢卡斯走近,停下脚步,注视着艾米莉亚	卢卡斯停下来,微笑	"你的琴声真好听。"	
		反拍	手持摄像机	艾米莉亚抬头,惊讶地看卢卡斯	艾米莉亚抬头看	"谢谢你。"	
SC002	下午,画室	内景,中景	三脚架	卢卡斯正在画画,艾米莉亚在一旁观看			刷子在画布上的声音

图1-8

第 1 章 文案写作

1.3 创作公众号爆文

公众号文章是指发布在微信公众号上的文章。不同于一般的网络文章或博客帖子，它具有特定的格式和风格要求，旨在适配移动阅读环境，并实现信息的快速传达与互动。

- 平台：微信公众号、小红书
- 工具：文心一言、Word、135编辑器
- 方式：公众号变现

案例展示

案例实操

使用AI工具来创作公众号爆文，可以提高内容创作的效率与质量，减小人工撰写的工作量，丰富公众号的表现形式，增强吸引力。

下面将详细讲解以旅行为主题来创作公众号爆文的过程。

1. 制作文本内容

公众号爆文的创作是一个涉及创意、内容、理解目标受众和把握市场趋势的综合过程。虽然无法直接通过简单的指令或AI工具立即生成一篇保证能成为爆文的文章，但可以利用AI工具提供一些关键的策略和建议，从而帮助提高创作爆文的可能性。

步骤 1

在制作文本内容前，首先需要确定主题。用浏览器搜索"文心一言"，单击链接进入网页版首页。在"文心一言"页面中间的对话框中输入指令"爆款公众号推文选题。"如图1-9所示，再在提供的参考推文选题中选择自己感兴趣的主题。

007

> 爆款公众号推文选题。
>
> 文心大模型3.5
>
> 爆款公众号推文选题往往需要结合当前热点、用户兴趣、平台定位以及内容创新等多个方面。以下是一些建议的爆款公众号推文选题方向,供您参考:
>
> ### 1. 热点追踪与解读
>
> - **时事热点分析**:紧跟国内外重大新闻事件,提供独特视角的深度解读。
> - **社会现象探讨**:如"网红经济背后的真相""职场PUA现象剖析"等,选取有争议或普遍关注的话题。
>
> ### 2. 情感共鸣类
>
> - **情感故事**:讲述真实或虚构的情感故事,触动读者内心,如"那些年,我们一起追过的女孩""异地恋的坚持与放弃"等。
> - **情感鸡汤文**:结合节日、季节或特殊日子,发布励志、温暖的文章,如"毕业季:致我们终将逝去的青春""冬日里的温暖:关于家的记忆"等。
>
> ### 3. 职场与成长
>
> - **职场攻略**:分享职场经验、技能提升、面试技巧等内容,如"职场新人必知的十条生存法则""如何高效完成PPT制作"等。

图1-9

步骤 2

在"文心一言"页面中间的对话框中输入指令"以国内十大最美小镇为主题,制作公众号爆文。"如图 1-10 所示。打开空白 Word 文档,将"文心一言"生成的内容粘贴到 Word 文档中,并自行调整和删减内容。

> 以国内十大最美小镇为主题,制作公众号爆文。
>
> 【标题】🌸 穿越时光隧道,探秘国内十大绝美小镇,每一帧都是壁纸!🏘️✨
>
> 🌟 亲爱的读者们,你是否厌倦了城市的喧嚣,渴望一场说走就走的旅行,去寻找那些隐藏在山水间的世外桃源?今天,就让我们一起踏上这场视觉与心灵的双重盛宴,揭秘国内十大最美小镇,保证让你的朋友圈美照刷爆屏!📷✨

(1)

> 1 乌镇：水墨江南的温柔乡 🧋
>
> 走进乌镇，仿佛穿越回了千年前的水乡。白墙黛瓦，小桥流水，夜幕降临时，灯笼渐次亮起，整个古镇被温柔地包裹在一层淡淡的光晕中，美得不似人间。
>
> 2 周庄：梦里水乡，诗意栖居 🌊
>
> 周庄，一个让人来了就不想走的地方。古老的街道，曲折的河道，还有那艘艘穿梭其间的乌篷船，每一幕都像是精心布置的画卷，让人沉醉不已。
>
> 3 丽江古城：纳西族的浪漫传奇 🔥
>
> 在丽江，时间似乎放慢了脚步。古城依山傍水，错落有致，夜晚的酒吧街更是热闹非凡，是体验纳西族文化和寻找爱情故事的绝佳之地。
>
> 4 凤凰古城：湘西的凤凰涅槃 🦅

(2)

图1-10

2. 智能排版

智能排版是指利用AI技术来实现文本的自动排版。它能够显著提升文本的阅读体验和美观度，同时节省大量的人力和时间。

下面用135编辑器来进行推文的智能排版。

步骤 1

打开135编辑器，选择"一键排版"，如图1-11所示。

图1-11

步骤 2

在文本框内粘贴文本或选择"导入文章"中的上传文档,并插入图片,如图 1-12 所示。

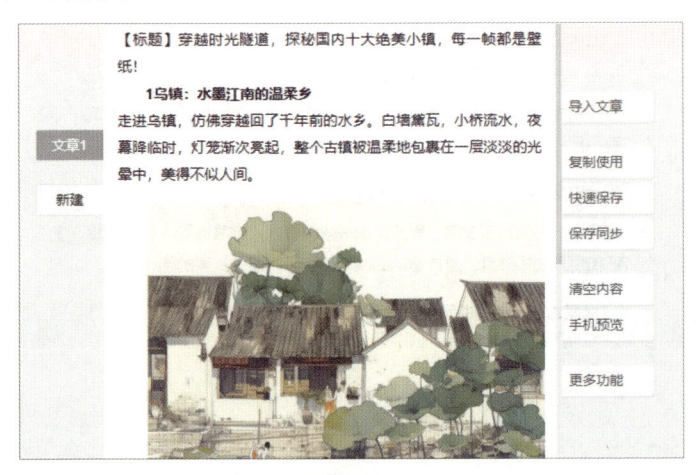

图1-12

步骤 3

在左侧的栏目中选择想要的排版样式和风格,选择"一键排版",如图 1-13 和图 1-14 所示。完成后进行保存同步。

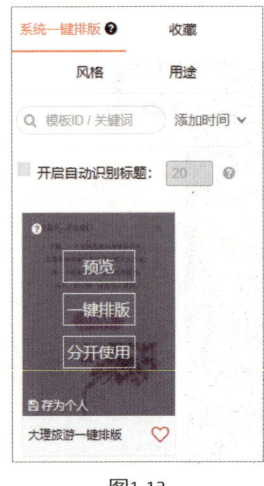

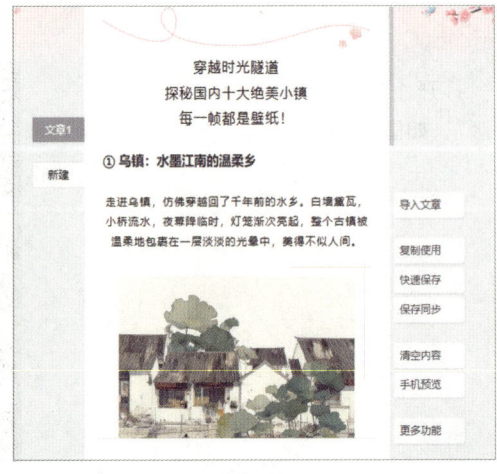

图1-13　　　　图1-14

1.4 创作影评

影评，即电影评论或影片分析，是在观看电影后对其内容、表现手法、主题思想等方面进行评价和解析的文章。影视制作人、自媒体博主可以借助AI工具完成影评的撰写，帮助观众更好地理解电影，提升观影体验。

- 平台：微信公众号、小红书、哔哩哔哩
- 工具：DeepSeek、Word
- 方式：公众号变现、流量推文变现、流量视频变现

案例展示

案例实操

使用AI工具撰写影评，能够迅速生成大量的文本内容，通过提供多样化的素材、灵感和框架，帮助创作者打破思维定式，激发新的创意和想法，并帮助他们检查拼写、语法等错误，提升文章的整体质量。

下面将详细讲解为《搏击俱乐部》撰写影评的过程。

1. 制作文本内容

使用AI工具撰写影评可以提升效率、优化内容质量、激发个性化以及创意。根据电影内容在短时间内创作影评，能够帮助观众深化对电影艺术的理解。

步骤 1

用浏览器搜索"DeepSeek"，单击链接进入网页版首页，选择"深度思考（R1）"和"联网搜索"，如图1-15所示。

图1-15

步骤 2

在 DeepSeek 页面中间的对话框中输入指令"帮我写一个大卫·芬奇执导的电影《搏击俱乐部》的专业影评，字数控制在 200 以内。"如图 1-16 所示。

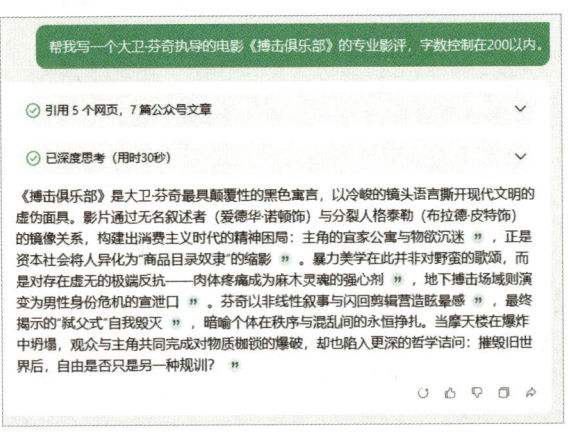

图1-16

2. 调整修改

使用 AI 工具生成的影评只能满足大致的要求，具体的细节还需要自行调整。

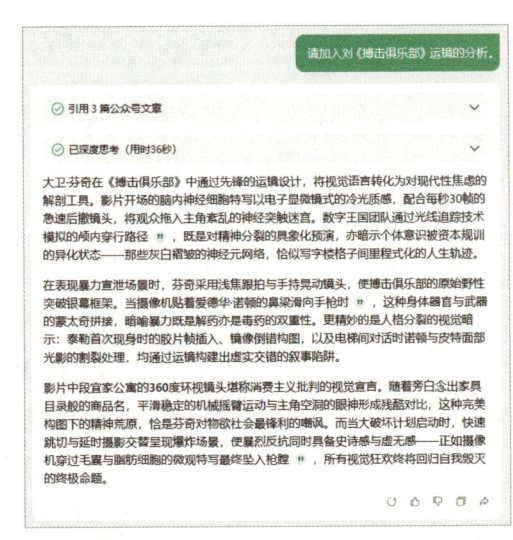

在 DeepSeek 生成的文案基础上，根据自己的要求进行修改。例如，需要在影评中加入对电影运镜的分析，则需继续在对话框中输入要求"请加入对《搏击俱乐部》运镜的分析。"如图 1-17 所示。完成后打开空白 Word 文档，将 DeepSeek 生成的内容复制粘贴到 Word 文档中，并自行调整和删减内容。

图1-17

第 1 章　文案写作

1.5 写微头条

微头条是一个以轻松、快捷、易于消化为特点的内容发布与分享的平台,它适合快节奏生活中的碎片化阅读需求,包含了新闻、娱乐、科技、健康、生活等方面的最新资讯。使用 AI 工具,可以快速完成微头条的写作。

- 平台:今日头条
- 工具:智谱清言、Word
- 方式:公众号变现、流量推文变现

案例展示

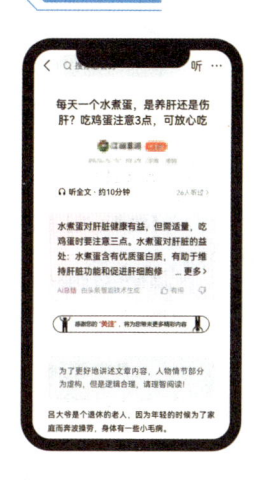

案例实操

对于需要快速更新信息的今日头条平台来说,使用 AI 工具进行写作,能够迅速生成多种类型的内容。除此之外,还可以分析用户数据,根据用户的阅读习惯和偏好来定制内容,从而提高用户的参与度和内容的吸引力。

下面将详细讲解以"健康养生"为主题,撰写微头条的过程。

1. 制作文本内容

使用 AI 工具可以根据主题在短时间内创作文本内容,满足即时和动态更新的需求。

步骤 1

用浏览器搜索"智谱清言",单击链接进入网页版首页。单击 ChatGLM,在"智谱清言"页面中间的对话框中输入指令"模仿微头条写作风格,写一条关于健康养生的文章,字数控制在 500 以内。"如图 1-18 所示。

013

```
[新建对话]

模仿微头条写作风格,写一条关于健康养生的文章,字数控制在500以内。
```

图1-18

步骤 2

打开空白 Word 文档,将"智谱清言"生成的内容粘贴到 Word 文档中,并自行调整和删减内容,如图 1-19 所示。

> 模仿微头条写作风格,写一条关于健康养生的文章,字数控制在500以内。
>
> **ChatGLM**
>
> 【健康养生】警惕!这些不良习惯正在悄悄损害你的健康,快来了解一下!
>
> 随着生活节奏加快,人们越来越注重健康养生。然而,日常生活中的一些不良习惯,可能正在悄悄损害你的身体健康。以下这些习惯,你中招了吗?
>
> 1. 熬夜刷手机:长时间熬夜不仅影响睡眠质量,还会导致免疫力下降,容易引发各种疾病。晚上11点前入睡,保证7-8小时睡眠,才是养生之道。
> 2. 饮食不规律:暴饮暴食、饮食不规律容易导致肠胃疾病。合理搭配膳食,定时定量,让肠胃更健康。
> 3. 缺乏运动:长时间久坐不动,容易引发颈椎、腰椎疾病。每周至少进行3-5次运动,每次30分钟,能有效提高身体素质。
> 4. 过度饮酒:适量饮酒有益健康,但过量饮酒会损伤肝脏,增加心血管疾病风险。适量饮酒,健康生活。
> 5. 吸烟:吸烟有害健康,容易引发肺癌、心血管疾病等。戒烟是改善健康状况的关键一步。
> 6. 压力过大:长期处于高压状态,容易导致心理和生理疾病。学会释放压力,保持心情愉悦,有益身心健康。
> 7. 爱吃油炸食品:油炸食品虽美味,但高热量、高脂肪,容易引发肥胖、心血管疾病。尽量减少油炸食品摄入,多吃新鲜蔬果。
>
> 养成良好生活习惯,从现在开始。关注健康养生,让我们远离疾病,拥抱美好生活! #健康养生# #生活习惯#

图1-19

2. 校对真实性

为了避免错误的信息误导公众，引发不良的社会反应，还需要对 AI 工具生成的内容进行审核。

步骤 1

在"智谱清言"对话框中输入需要审核的文案，并输入要求，如图 1-20 所示。

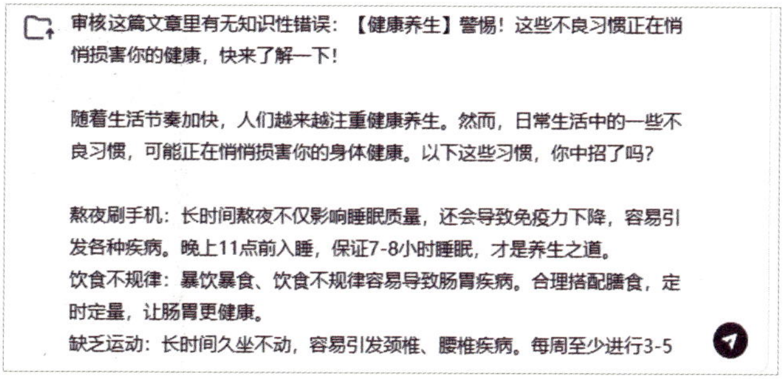

> 审核这篇文章里有无知识性错误：【健康养生】警惕！这些不良习惯正在悄悄损害你的健康，快来了解一下！
>
> 随着生活节奏加快，人们越来越注重健康养生。然而，日常生活中的一些不良习惯，可能正在悄悄损害你的身体健康。以下这些习惯，你中招了吗？
>
> 熬夜刷手机：长时间熬夜不仅影响睡眠质量，还会导致免疫力下降，容易引发各种疾病。晚上11点前入睡，保证7-8小时睡眠，才是养生之道。
> 饮食不规律：暴饮暴食、饮食不规律容易导致肠胃疾病。合理搭配膳食，定时定量，让肠胃更健康。
> 缺乏运动：长时间久坐不动，容易引发颈椎、腰椎疾病。每周至少进行3-5

图1-20

步骤 2

根据"智谱清言"给出的意见调整文章，如图 1-21 所示。

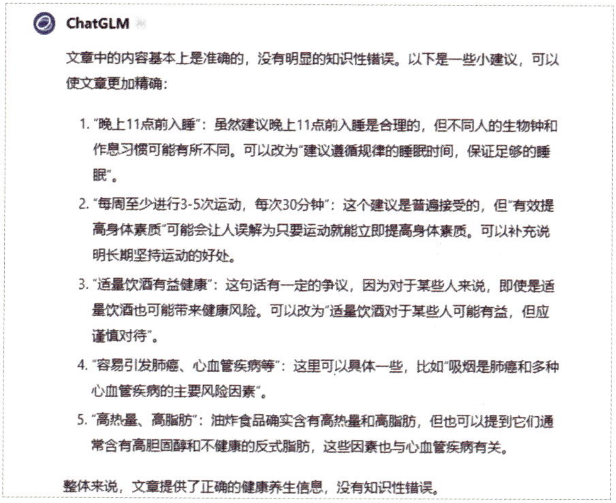

> **ChatGLM**
>
> 文章中的内容基本上是准确的，没有明显的知识性错误。以下是一些小建议，可以使文章更加精确：
>
> 1. "晚上11点前入睡"：虽然建议晚上11点前入睡是合理的，但不同人的生物钟和作息习惯可能有所不同。可以改为"建议遵循规律的睡眠时间，保证足够的睡眠"。
> 2. "每周至少进行3-5次运动，每次30分钟"：这个建议是普遍接受的，但"有效提高身体素质"可能会让人误解为只要运动就能立即提高身体素质。可以补充说明长期坚持运动的好处。
> 3. "适量饮酒有益健康"：这句话有一定的争议，因为对于某些人来说，即使是适量饮酒也可能带来健康风险。可以改为"适量饮酒对于某些人可能有益，但应谨慎对待"。
> 4. "容易引发肺癌、心血管疾病等"：这里可以具体一些，比如"吸烟是肺癌和多种心血管疾病的主要风险因素"。
> 5. "高热量、高脂肪"：油炸食品确实含有高热量和高脂肪，但也可以提到它们通常含有高胆固醇和不健康的反式脂肪，这些因素也与心血管疾病有关。
>
> 整体来说，文章提供了正确的健康养生信息，没有知识性错误。

图1-21

1.6 写新闻评论

利用AI工具撰写新闻评论，可以通过对大数据的分析，提供更深入、全面的新闻评论，且不受个人情感、观点的影响，还可以更客观地点评新闻，并提供更多元的观点解读。

- 平台：微博、小红书、抖音
- 工具：智谱清言
- 方式：流量推文变现

案例展示

案例实操

借助AI工具撰写新闻评论，可以从不同的角度、不同的层面进行，从而提高新闻报道的多样性。

1. 撰写新闻评论

智谱清言的智能体中心，针对不同场景可操作不同种类的指令。

步骤 1

用浏览器搜索"智谱清言"，单击链接进入网页版首页。在"智能体中心"界面中选择"热点新闻评论员"模板，如图1-22所示。

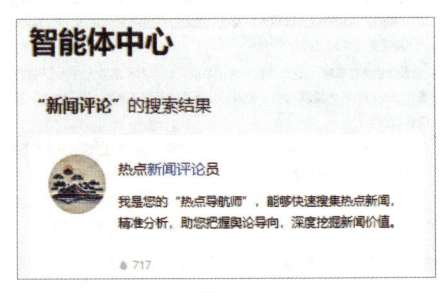

图1-22

第 1 章 · 文案写作

步骤 2

查询近期热点新闻,在对话框中输入"最近有哪些社会新闻?",在给出的热点新闻中,选择想要进行评论的选项,如图 1-23 所示。

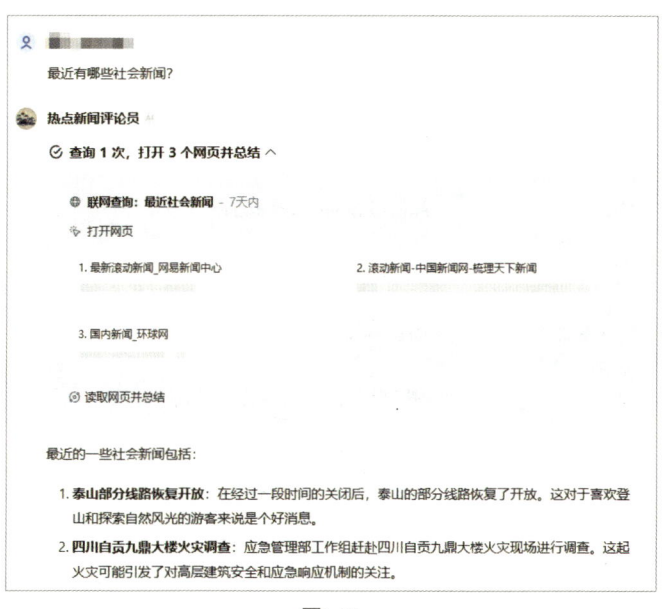

图1-23

步骤 3

在对话框中继续输入"针对泰山部分线路恢复开放的新闻撰写 200 字的文字评论。"如图 1-24 所示。

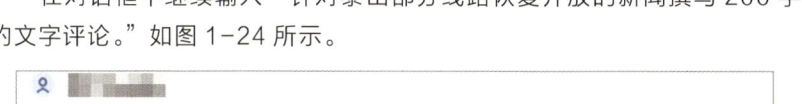

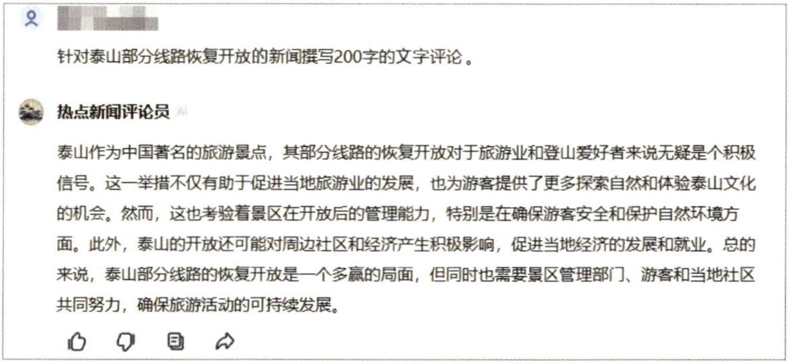

图1-24

017

2. 校对并完善新闻评论

利用 AI 工具生成的新闻评论仍然需要进一步的审核和修改,以确保内容的准确性和质量。

步骤 1

在对话框中继续输入"校对该新闻的真实性,并检查该新闻评论有无明显错误。"检查结果如图 1-25 所示。

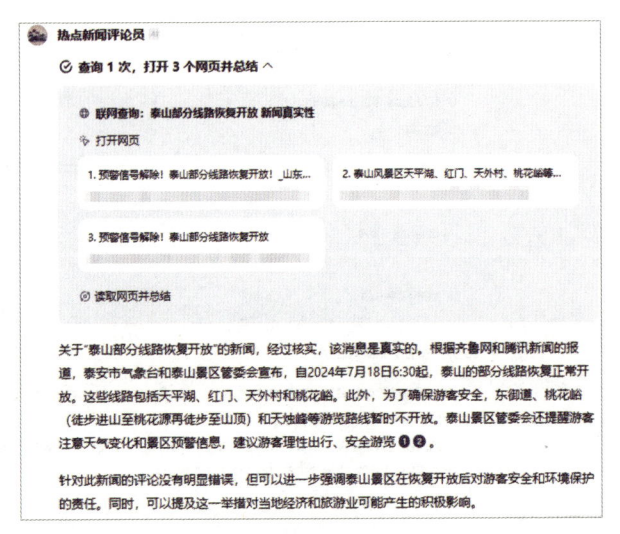

图1-25

步骤 2

根据"智谱清言"给出的建议,自行完善新闻评论的撰写。

1.7 写小说

利用 AI 工具写小说可以显著提高创作效率,AI 工具可根据提供的主题、风格、人物等信息,快速生成故事框架,包括剧情梗概、人物关系、场景设置等,从而节省大量的构思时间。

第 1 章 文案写作

- 平台：各大小说网站
- 工具：讯飞星火
- 方式：公众号变现、流量推文变现

案例展示

案例实操

使用 AI 工具进行小说创作可以帮助用户提高创作效率、激发创作灵感、优化作品质量、满足个性化需求、降低创作门槛，让用户更加轻松地创作出优秀的小说作品。

下面将详细讲解以"青春校园言情"为主题撰写小说的过程。

1. 确定主题和大纲

主题和大纲是创作小说的核心思想，它们决定了小说的内容、风格和表达方式。创作前先明确主题可以帮助创作者更好地把握创作方向。

步骤 1

用浏览器搜索"讯飞星火"，单击链接进入网页版首页，如图 1-26 所示。

图1-26

步骤 2

在对话框中输入"你是一个作家，你写的小说总是有出人意料的结尾，现在围绕言情主题写出三个标题及大纲供我参考。"在生成的主题和大纲中，选择自己喜欢的选项，如图 1-27 所示。

019

> 你是一个作家,你写的小说总是有出人意料的结尾,现在围绕言情主题写出三个标题及大纲供我参考。

标题1：《错位时空的爱恋》
大纲：女主角在一次偶然的机会下,穿越到了古代,成为了一名宫女。在古代的宫廷中,她与一位英俊的皇子相遇并相恋。然而,两人的身份差距和时空的错位,使得他们的爱情充满了挑战。在经历了一系列的波折后,女主角终于找到了回到现代的方法。在现代,她发现自己的生活中竟然有一个与古代皇子长相一模一样的人,而这个人竟然是她的邻居。最终,女主角与现代的"皇子"相识相恋,发现真正的爱情是超越时空的。

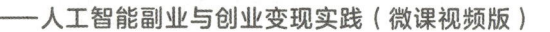

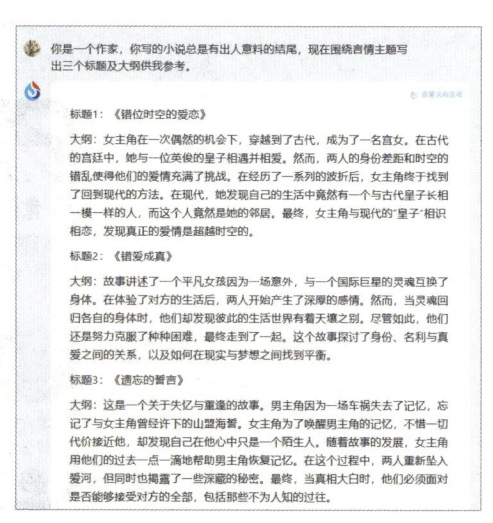

标题2：《错爱成真》
大纲：故事讲述了一个平凡女孩因为一场意外,与一个国际巨星的灵魂互换了身体。在体验了对方的生活后,两人开始产生了深厚的感情。然而,当灵魂回归各自的身体时,他们却发现彼此的生活世界有着天壤之别。尽管如此,他们还是努力克服了种种困难,最终走到了一起。这个故事探讨了身份、名利与真爱之间的关系,以及如何在现实与梦想之间找到平衡。

标题3：《遗忘的誓言》
大纲：这是一个关于失忆与重逢的故事。男主角因为一场车祸失去了记忆,忘记了与女主角曾经许下的山盟海誓。女主角为了唤醒男主角的记忆,不惜一切代价接近他,却发现自己在他心中只是一个陌生人。随着故事的发展,女主角用他们的过去一点一滴地帮助男主角恢复记忆。在这个过程中,两人重新坠入爱河,但同时也揭露了一些深藏的秘密。最终,当真相大白时,他们必须面对是否能够接受对方的全部,包括那些不为人知的过往。

图1-27

2. 创作小说内容

在确定了主题和大纲后,就可以利用 AI 工具继续创作小说内容了。

步骤 1

在"讯飞星火"对话框中输入要求,生成小说章节,例如"我选择第 3 个作为我的小说标题和大纲,现在帮我规划 10 个章节,并把每一章的名字罗列出来。"如图 1-28 所示。

> 我选择第3个作为我的小说标题和大纲,现在帮我规划10个章节,并把每一章的名字罗列出来。

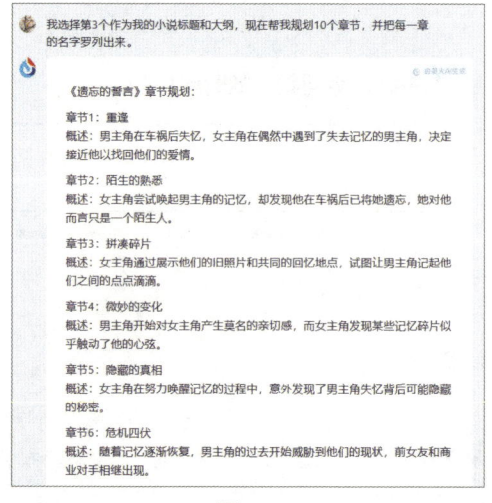

《遗忘的誓言》章节规划：

章节1：重逢
概述：男主角在车祸后失忆,女主角在偶然中遇到了失去记忆的男主角,决定接近他以找回他们的爱情。

章节2：陌生的熟悉
概述：女主角尝试唤起男主角的记忆,却发现他在车祸后已将她遗忘,她对他而言只是一个陌生人。

章节3：拼凑碎片
概述：女主角通过展示他们的旧照片和共同的回忆地点,试图让男主角记起他们之间的点点滴滴。

章节4：微妙的变化
概述：男主角开始对女主角产生莫名的亲切感,而女主角发现某些记忆碎片似乎触动了他的心弦。

章节5：隐藏的真相
概述：女主角在努力唤醒记忆的过程中,意外发现了男主角失忆背后可能隐藏的秘密。

章节6：危机四伏
概述：随着记忆逐渐恢复,男主角的过去开始威胁到他们的现状,前女友和商业对手相继出现。

图1-28

第 1 章 · 文案写作

步骤 2

在"讯飞星火"对话框中继续输入要求,例如"基于文章的梗概,帮我写第一章节的内容,字数为 1000 字。"如图 1-29 所示。

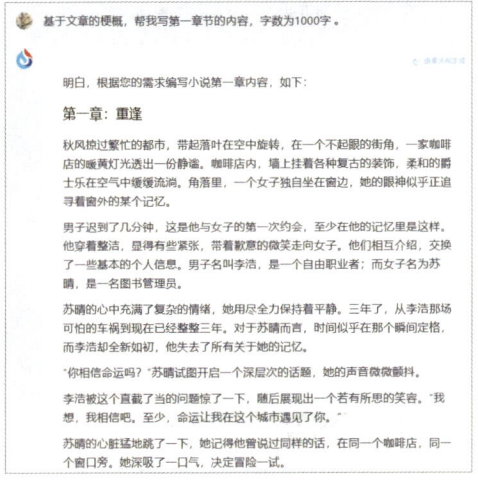

图1-29

1.8 优化简历及模拟面试

优化简历是指对个人简历进行细致的修改和调整,以提高其专业性和吸引力,从而在求职过程中更好地展示求职者的技能、经验和资质,增加求职者获得面试机会的可能性。借助 AI 工具可以让求职者更有效地展示自己的优势,提高求职成功率。

- 平台:小红书
- 工具:智谱清言
- 方式:流量推文变现、流量视频变现

案例展示

案例实操

利用 AI 技术,求职者可以更加高效地创建、修改和完善他们的简历,以更好地吸引招聘者的注意。

021

下面将详细讲解为一名本科毕业生优化简历的过程。

1. 完善简历内容

将自己的个人简历作为基础文件上传到 AI 工具中，并对其提出修改或完善的要求，AI 工具便能迅速给出反馈，从而有效地提高简历质量。

步骤 1

用浏览器搜索"智谱清言"，单击链接进入网页版首页。单击对话框中左侧的"文件上传"按钮，在文件夹中选择个人简历并上传，如图 1-30 所示。

图1-30

步骤 2

文件上传完成后，在对话框中添加指令，例如"请从资深 HR 的角度帮我完善这份简历。"如图 1-31 所示。

图1-31

步骤 3

根据自己的需求进一步提出指令，例如"请帮我具体修改一下教育背景部分。"修改建议如图 1-32 所示。

图1-32

2. 根据简历模拟面试过程

在简历的基础上,面试也是求职过程中非常重要的一环。模拟面试可以帮助求职者熟悉面试的流程和常见问题,减弱紧张感,增强自信心。

步骤 1

设定基本的模拟场景,在对话框中输入指令,例如"你是一家建筑公司负责面试的资深HR,请模拟面试时提出面试问题,如果明白请回复:已明白。"如图1-33所示。

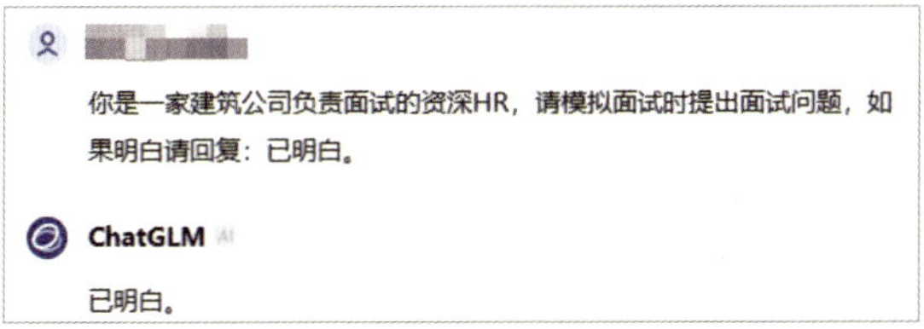

图1-33

步骤 2

上传基础的简历信息,便于AI工具根据信息生成模拟面试问题。再在对话框中输入指令"请根据我提供的简历信息,生成3个与建筑师职位相关的模拟面试问题和答案。"如图1-34所示。

图1-34

1.9 创作小红书文案

在自媒体时代，小红书成了比较常见的品牌产品搭建展示的平台。借助 AI 工具来完成一篇小红书文案，可以显著缩短文案创作的时间。这对于需要频繁更新内容的小红书博主或品牌商家来说，无疑是一个巨大的帮助。

- 平台：小红书
- 工具：Kimi AI
- 方式：流量视频变现、文案变现

案例展示

案例实操

AI 工具在生成文案时能够引入创意元素，如幽默、情感、故事等，使文案更具吸引力和情感共鸣。这种创意的加入可以让文案更加生动有趣，从而提高文案的质量。

下面将详细讲解创作一篇小红书爆款文案的过程。

1. 确定选题

确定选题对主题写作的重要性不言而喻，因为它是整个写作过程的基石，会直接关系到文章的质量、深度、吸引力和影响力。在生成爆款文案前，首先需要确定选题。

用浏览器搜索 Kimi AI，单击链接进入网页版首页。在对话框中直接输入指令，例如"假设你是一名资深的小红书营销高手，针对美食领域，请你结合小红书现有的爆款笔记选题，给出一些选题建议，选题要具体，必须是美食方向。"如图 1-35 所示。

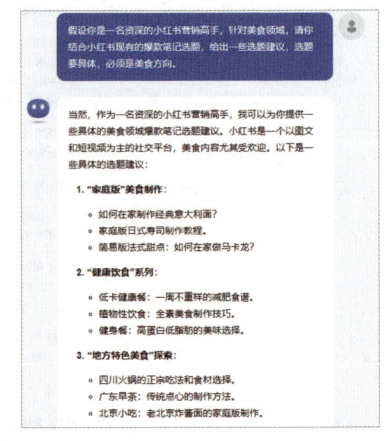

图 1-35

2. 生成爆款文案

AI工具利用强大的数据分析技术和人工智能技术，能够根据目标受众的喜好和需求，生成精准到位的文案。这不仅能够增强文案的吸引力，还能够提高用户的互动率和转化率。

步骤 1

单击 Kimi AI 左侧工具栏的图标，进入 Kimi+ 界面，随后单击"小红书爆款生成器"，如图 1-36 所示。

图1-36

步骤 2

在对话框中直接输入指令，例如"写一款火锅探店文案，重点突出使用体验和性价比。"如图 1-37 所示。

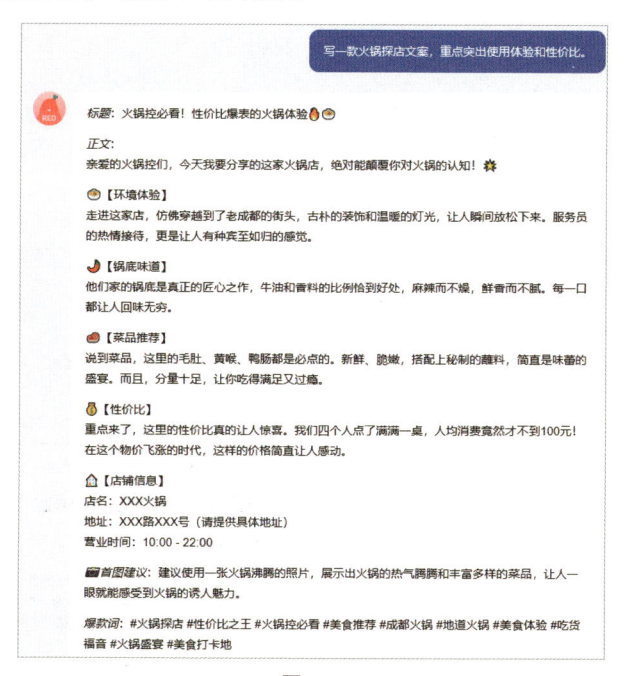

图1-37

1.10 策划婚礼

策划婚礼是一个细致且全面的过程，它涉及婚礼的各个方面，包括时间规划、人员配置、场地选择、装饰布置、流程安排等。AI工具可以提供有价值的婚礼策划参考，便于用户更加高效地实现婚礼活动目标。

案例展示

- 平台：小红书、抖音
- 工具：文心一言
- 方式：流量视频变现、活动落地变现

案例实操

利用AI技术进行婚礼策划，不仅提高了效率，还优化了婚礼的个性化、成本控制以及整体体验。下面将详细讲解为一场婚礼进行策划的过程。

1. 生成婚礼活动方案

AI技术通过分析大量的用户数据和个性化需求，能够精准地推荐适合新人的婚礼方案、婚纱样式、场地布置等。这种个性化定制确保了每场婚礼都能独一无二，且能符合新人的风格和喜好。

步骤 1

用浏览器搜索"文心一言"，单击链接进入网页版首页。在对话框中输入要求，例如"帮我设计一个婚礼活动方案，要求可行性强。"如图1-38所示。

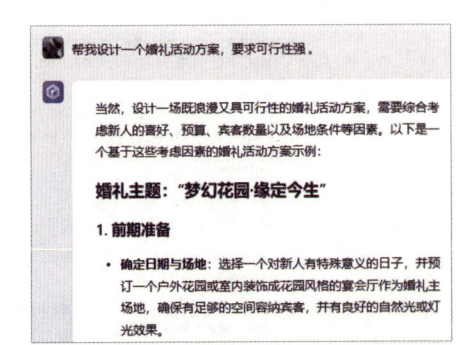

图1-38

步骤 2

根据自己的需求进一步提出指令，例如“请帮我具体修改一下互动环节部分。”如图 1-39 所示。

请帮我具体修改一下互动环节部分。

当然，我们可以对婚礼的互动环节进行更具体和创意的修改，以增加活动的趣味性和参与度。以下是修改后的互动环节部分：

互动环节

1. 爱的时光隧道

- **描述**：在迎宾区与宴会区之间，设置一条“爱的时光隧道”。隧道两侧用LED灯串、照片墙和鲜花装饰，墙上挂着新人从相识、相恋到决定步入婚姻殿堂的各个重要时刻的照片。宾客可以沿着隧道缓缓步入宴会区，一边欣赏照片，一边感受新人的爱情故事。
- **亮点**：在隧道入口处设置一台拍照打卡机，宾客可以手持特制的“爱情护照”或心形相框拍照留念，护照上印有婚礼主题和日期，宾客可以写下祝福并投入指定的祝福箱中。

2. 花园寻宝大冒险

- **描述**：在婚礼场地内（特别是花园区域）隐藏多个小礼物或任务卡，每个礼物或卡片上都附有一个与新人或婚礼主题相

图1-39

2. 根据方案安排时间节点

除了基本的策划方案外，安排时间节点也是保证婚礼活动顺利落地的重要环节。

在该方案的基础上，在对话框中继续输入指令，例如“根据该婚礼方案准备前期排期时间点。”如图 1-40 所示。

根据该婚礼方案准备前期排期时间点。

为了准备一场顺利且精彩的婚礼，以下是根据您提供的婚礼方案所制定的前期排期时间点：

前期排期时间点

1. 筹备初期（提前6-9个月）

- **第1个月**：
  - 确定婚礼日期和备选日期。
  - 选择并预订婚礼场地，确认场地可用性及合同条款。
  - 确定婚礼预算，并初步规划预算分配。
  - 组建婚礼筹备团队，包括新人、双方父母、伴郎伴娘等核心成员。
- **第2-3个月**：
  - 确定婚礼主题和风格，开始设计婚礼LOGO和邀请函。
  - 选定并预订婚礼摄影师、摄像师、司仪、化妆师等关键供应商。
  - 开始挑选婚纱、礼服及新郎西装，并安排试穿。
  - 确定并邀请宾客名单，发送电子或纸质邀请函。

图1-40

1.11 创作正念语录

正念是一种通过专注于当下、接受现实、不评判地觉察自己的感受、思想和环境的实践。AI工具可以学习并模仿创作正念语录，帮助人们培养正念的实践，提高生活质量，改善精神健康状况。

- 平台：小红书、今日头条
- 工具：文心一言、Midjourney
- 方式：流量视频变现、流量推文变现

案例展示

旺自己
50个睡前正念

每天睡前看一次，狠狠旺自己

案例实操

AI工具可以根据需求创作一些促进个人在日常生活中实践正念的语句或短语。

下面将详细讲解创作正念语录的过程。

1. 提供正念语录

正念语录通常会为人们提供具体的指导或建议，帮助大多数人在日常生活中应用正念，以开放和接纳的心态去体验生活。

用浏览器搜索"文心一言"，单击链接进入网页版首页。在对话框中输入一些常见的正念语录，让AI工具进行学习，为后期的模仿创作做准备，如图1-41所示。

学习这些正念语录的写作风格：
1."正念不是逃避现实，而是更深刻地体验现实。"
2."每一刻都是新的开始，放下过去，活在当下。"
3."当你对每一刻都保持觉察，生活就会变得丰富而有意义。"
4."接纳自己，接纳他人，接纳世界，这就是正念的力量。"
5."不要因为追求完美而错过现在的美好。"
6."正念让我们学会在忙碌的生活中找到宁静。"
7."感恩不仅是对好事的感谢，也是对挑战的感恩。"
8."每一次呼吸都是一次新生的机会。"
9."正念不是要你改变世界，而是要你改变看待世界的方式。"
10."当你对自己充满慈悲，你也会对他人充满慈悲。"

这些正念语录的写作风格体现了深刻、简洁、鼓舞人心以及富有哲理的特点。它们通常围绕正念的核心概念——即有意识地、非评判性地关注当下——展开，旨在引导读者以更加平和、接纳和积极的心态面对生活。以下是一些模仿这种风格的写作建议：

图1-41

2. 创作正念图文

在风格学习的基础上，可以开始利用 AI 工具进行正念语录的仿写，创作出具有正念语录特点的语句，从而帮助人们意识到自己的思想、情感和身体感受。

步骤 1

在 AI 工具学习的基础上，用户可以在对话框中提出要求，例如"在该风格的基础上仿写正念语录。"如图 1-42 所示。

> 在该风格的基础上仿写正念语录。
>
> 当然，以下是在该风格基础上仿写的正念语录：
>
> 1. "正念，非逃避风雨，而是于风雨中舞蹈，感受生命的每一滴润泽。"
> 2. "每个瞬间都是宇宙的一次轻吻，让心灵觉醒，拥抱这无尽的流转。"
> 3. "觉察，如同晨曦初照，让生活的每一个角落都沐浴在温暖与光明之中。"
> 4. "接纳，是心灵的宽广海洋，让所有情绪与思想自由来去，归于平静。"
> 5. "不必急于抵达终点，因为最美的风景往往在路上，享受过程即是圆满。"
> 6. "在正念的引领下，繁忙不再是束缚，而是通往内心宁静的桥梁。"
> 7. "感恩之心，如同春日细雨，滋养着每一个瞬间，让生命之树茁壮成长。"
> 8. "每一次心跳，都是宇宙生命力的共鸣，提醒我们珍惜这份不朽的链接。"
> 9. "正念，是心灵的放大镜，让我们以全新的视角，发现世界的无限可能。"
> 10. "以慈悲为伴，行走于人生旅途，不仅温暖了自己的心，也照亮了他人的路。"

图 1-42

步骤 2

根据生成的语录，制作对应的图像。打开 Midjourney，在界面下方的文本框内输入英文符号"/"，并选择"/imagine"命令，在"/imagine"命令后的 prompt 栏中输入提示词，如图 1-43 所示。

> prompt The prompt to imagine
>
> /imagine
>
> prompt Rainy day, raindrops dripping on the window, cool color tones, depth of field, outdoor scenery, trees, Makoto Shinkai, 8K, --ar 2:3 --niji 6

图 1-43

步骤 3

在生成的 4 张图像中，选择最喜欢的一张（U3）保存，如图 1-44 所示。

图1-44

步骤 4

上传制作好的图文，发布笔记。

1.12 仿写名言金句

AI 工具可以学习并模仿特定的名言金句，创作出类似风格的语录，在写作方面提供了新的可能性和创意空间。

- 平台：小红书、今日头条
- 工具：Kimi AI、Midjourney
- 方式：流量视频变现、流量推文变现

第 1 章 • 文案写作

案例实操

AI 工具可以根据用户的兴趣和偏好,生成独特而具个性化的语录。

下面将详细讲解仿写名言金句的过程。

案例展示

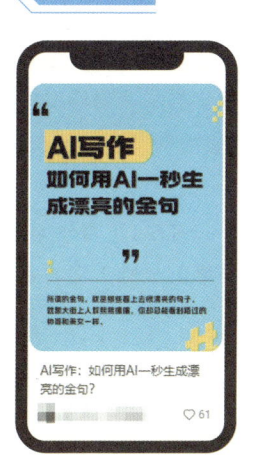

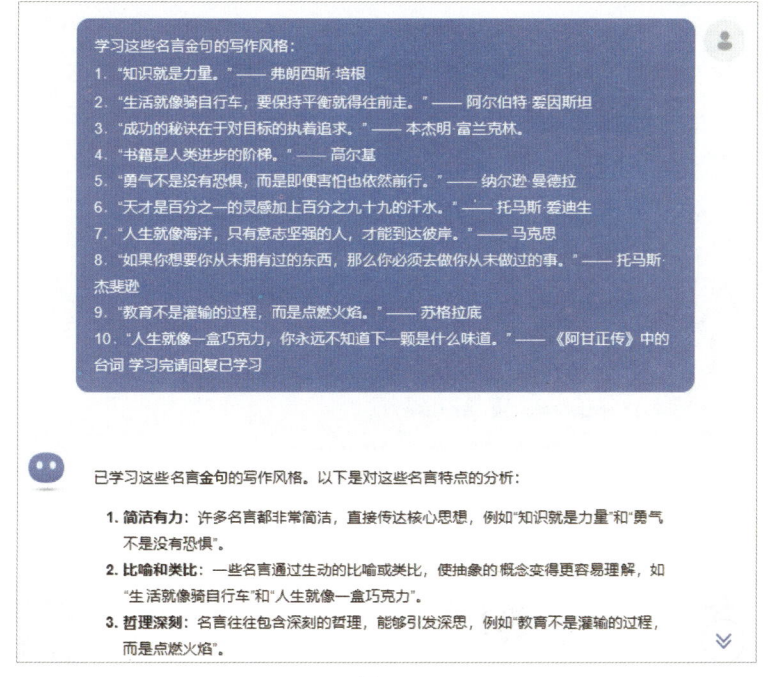

1. 提供名言金句

AI 工具生成的语录可以应用于不同的领域,如文学、艺术、商业、教育等,增加其应用的广泛性。

用浏览器搜索"Kimi AI",单击链接进入网页版首页。在对话框中输入一些常见的名言金句,让 AI 工具进行学习,为后期的模仿创作做准备,如图 1-45 所示。

学习这些名言金句的写作风格:
1. "知识就是力量。" —— 弗朗西斯·培根
2. "生活就像骑自行车,要保持平衡就得往前走。" —— 阿尔伯特·爱因斯坦
3. "成功的秘诀在于对目标的执着追求。" —— 本杰明·富兰克林
4. "书籍是人类进步的阶梯。" —— 高尔基
5. "勇气不是没有恐惧,而是即便害怕也依然前行。" —— 纳尔逊·曼德拉
6. "天才是百分之一的灵感加上百分之九十九的汗水。" —— 托马斯·爱迪生
7. "人生就像海洋,只有意志坚强的人,才能到达彼岸。" —— 马克思
8. "如果你想要你从未拥有过的东西,那么你必须去做你从未做过的事。" —— 托马斯·杰斐逊
9. "教育不是灌输的过程,而是点燃火焰。" —— 苏格拉底
10. "人生就像一盒巧克力,你永远不知道下一颗是什么味道。" —— 《阿甘正传》中的台词 学习完请回复已学习

已学习这些名言金句的写作风格。以下是对这些名言特点的分析:

1. **简洁有力**:许多名言都非常简洁,直接传达核心思想,例如"知识就是力量"和"勇气不是没有恐惧"。
2. **比喻和类比**:一些名言通过生动的比喻或类比,使抽象的概念变得更容易理解,如"生活就像骑自行车"和"人生就像一盒巧克力"。
3. **哲理深刻**:名言往往包含深刻的哲理,能够引发深思,例如"教育不是灌输的过程,而是点燃火焰"。

图 1-45

031

2. 创作语录图文

在完成对一些常见名言金句风格的学习后，就可以开始利用 AI 工具进行仿写了，创作出具有启发性和哲理性的语录。

步骤 1

在 AI 工具学习的基础上，用户可以在对话框中提出要求，例如"在该风格的基础上仿写名言金句。"如图 1-46 所示。

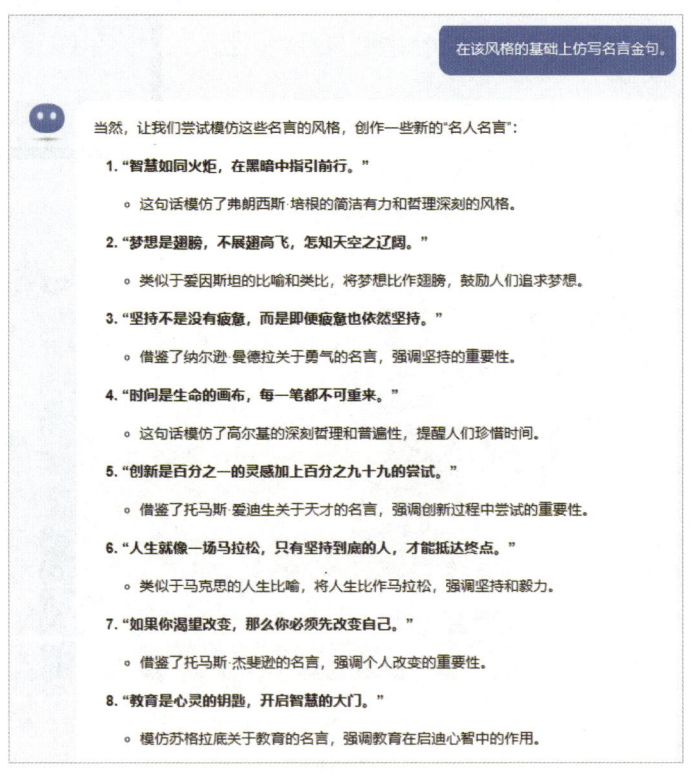

图1-46

步骤 2

根据生成的语录，制作对应的图像。打开 Midjourney，在界面下方的文本框内输入英文符号"/"，并选择"/imagine"命令，在"/imagine"命令后的 prompt 栏中输入提示词，如图 1-47 所示。

第 1 章 文案写作

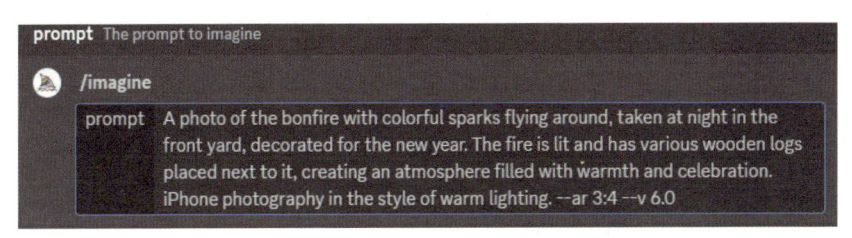

```
prompt  The prompt to imagine
/imagine
prompt  A photo of the bonfire with colorful sparks flying around, taken at night in the
        front yard, decorated for the new year. The fire is lit and has various wooden logs
        placed next to it, creating an atmosphere filled with warmth and celebration.
        iPhone photography in the style of warm lighting. --ar 3:4 --v 6.0
```

图1-47

步骤 3

在生成的 4 张图像中，选择最喜欢的一张（U2）保存，如图 1-48 所示。

图1-48

033

步骤 4

上传制作好的图文,发布笔记,如图 1-49 所示。

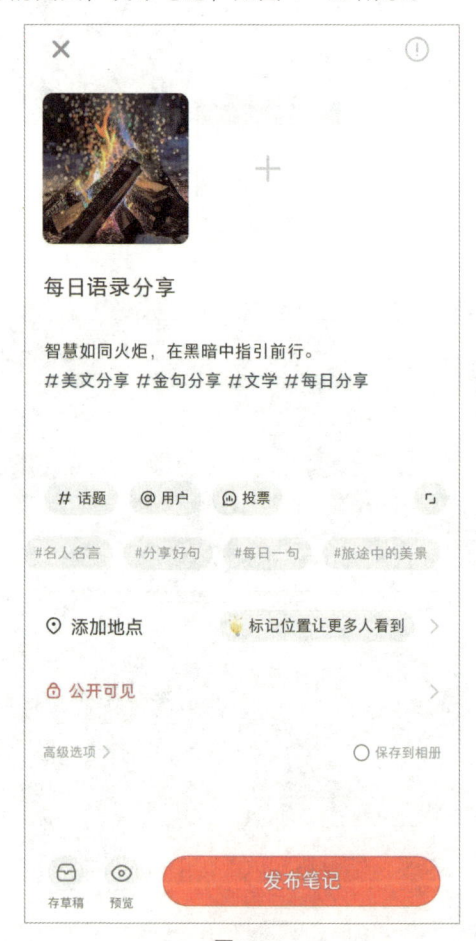

图1-49

第 2 章

图像处理

AI技术能够辅助生成逼真的图像，从而应用于艺术创作、电影特效、游戏开发等多个领域。除此之外，AI技术还可用于图像的识别、修复和编辑，展现出巨大的应用潜力和价值。随着AI技术的不断发展，其在图像处理上的应用将会更加广泛和深入。

2.1 制作 LOGO

制作 LOGO 是设计师结合视觉符号和文字艺术，创造出富有吸引力和辨识度的标志，从而提升品牌形象和市场竞争力。制作 LOGO 的关键是灵感和创意，同时结合品牌的战略目标和市场需求，以建立品牌与消费者之间的情感连接和信任关系。

- 平台：小红书、视频号、淘宝、抖音
- 工具：DeepSeek、Midjourney
- 方式：定制 LOGO 变现、销售 LOGO 图案、授权 LOGO 使用等

案例展示

案例实操

利用 AI 技术，可以快速生成符合特定行业和风格要求的 LOGO，根据品牌定位、目标受众和市场趋势，量身定制出符合需求的创意作品。这种方法不仅高效，还能确保设计符合品牌理念和市场期待，为品牌的视觉形象注入新的活力。

下面将详细讲解制作 LOGO 的过程。

1. 确定 LOGO 设计需求和目标

确定 LOGO 设计需求和目标是制作 LOGO 的第一步，而 DeepSeek 是一位非常好的创意助手。通过与 DeepSeek 的对话，用户可以获取提炼和浓缩后的 LOGO 概念。

步骤 1

在 DeepSeek 对话框中输入指令"我们的手作咖啡馆名字叫 Moffee，请拟一个 LOGO 的设计方案，尽量简洁一些。"如图 2-1 所示。

第 2 章 图像处理

> 我们的手作咖啡馆名字叫Moffee,请拟一个LOGO的具体设计方案。

✓ 引用 2 个网页,4 篇公众号文章

✓ 已深度思考(用时39秒)

以下是为手作咖啡馆"Moffee"量身定制的LOGO设计方案,融合咖啡文化基因与手工温度感:

一、核心图形设计

1. 咖啡豆与手作融合

以两粒咖啡豆轮廓为基础,通过手绘笔触纹理呈现手工烘焙的质感。豆体表面融入指纹肌理 ”,象征手作工艺的温度,豆粒间隙巧妙构成字母"M"的抽象形态 ”。右侧延伸出蒸汽曲线,采用水墨晕染技法模拟咖啡香气升腾的动态,末端化作咖啡杯手柄轮廓 ”。

2. 动态平衡构图

采用黄金螺旋布局,主体图形占据视觉重心,蒸汽线条以15°倾斜角度延伸至右上方,形成开放式的呼吸感空间。底部添加手工陶艺裂纹纹理作为暗纹背景,呼应手作咖啡器具的质朴美学 ”。

图2-1

步骤 2

DeepSeek 生成的 LOGO 概念以及初步的视觉元素描述未必完全符合期望,用户可以继续协助寻找更多元素,或者在已经生成的内容里面进行增减。简化后的提示词在后面加了三个限定词:简单、2D(二维)风格、矢量图形。最终描述如图 2-2 所示。

标志设计:
字体选择:使用现代简约的字体,如无衬线字体,以显示现代感和清晰度。

配色方案:选择与咖啡相关的色调,如浓郁的咖啡色、暖棕色或深灰色,以突出咖啡馆的主题。

图形元素:将字母"M"和咖啡杯图标结合起来,以创意独特的方式将两者融合在一起。咖啡杯可以是简单的线条画,也可以是充满色彩的平面设计,以确保标志在不同尺寸下的清晰度。

排版和布局:字母"M"和咖啡杯图标巧妙结合,确保整体布局简洁、平衡、易于识别和记忆。

附加元素:考虑在标志周围添加简单的边框线或阴影效果,以增强视觉效果。

简单、2D 风格、矢量图形。

图2-2

2. 生成 LOGO 设计

Midjourney是一个基于 AI 的设计助手,它能够根据所提供的要求和描述,生成符合要求的 LOGO。在 Midjourney中进行 LOGO 设计可以节省大量的时间和精力,同时还能获得高质量和不同风格的设计作品。

037

步骤 1

将提示词翻译成英语。打开 Midjourney，在界面下方的文本框内输入英文符号"/"，并选择"/imagine"命令，在"/imagine"命令后的 prompt 栏中输入提示词，如图 2-3 所示。

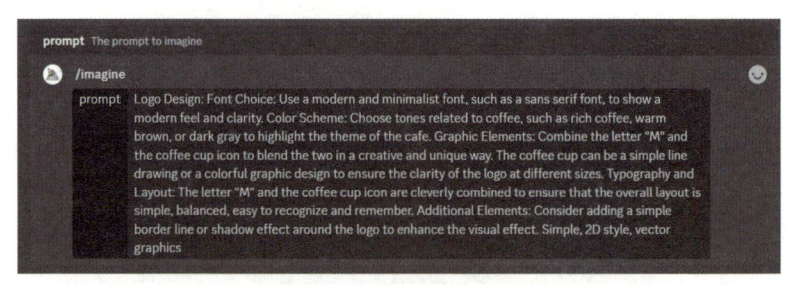

图2-3

步骤 2

单击 V3 按钮，弹出提示词后重新编辑对话框，在文本最后输入修改要求"增加咖啡相关色彩（add coffee color）"，完成后单击"提交"按钮，如图 2-4 和图 2-5 所示。

图2-4

第 2 章 图像处理

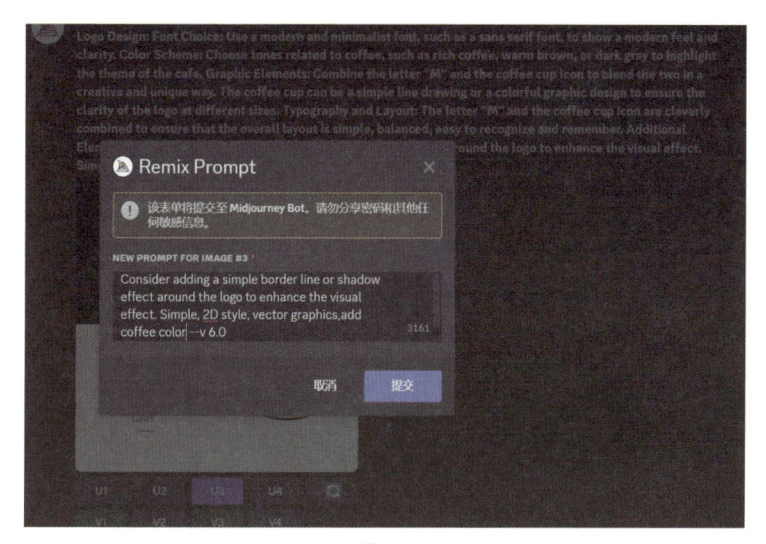

图2-5

步骤 3

此次的优化使LOGO更接近期望的风格，如图2-6所示。

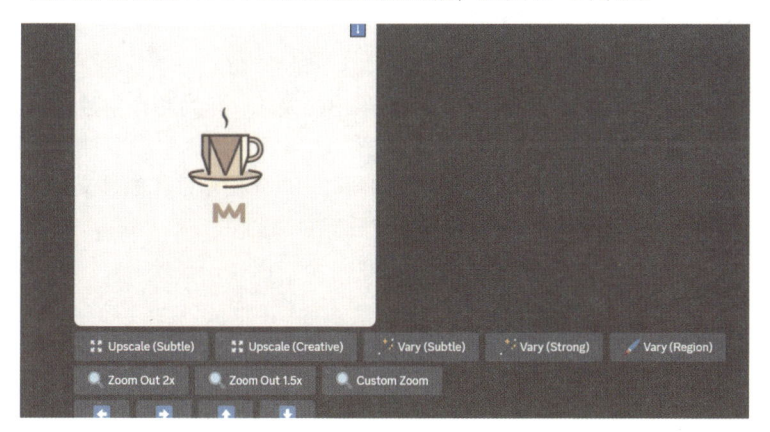

图2-6

锦囊妙计

目前，Midjourney生成的图都是位图，分辨率不高，单击生成的图像，将其放大后，可以单击图像下面的Upscale（升频）按钮提升其分辨率。

039

2.2 制作头像

火爆社交平台的 AI 头像设计是利用先进的 AI 技术和创新的设计理念，为用户量身打造个性化、引人注目的头像。AI 技术能够快速生成符合用户个性化需求的头像，从而增强用户在社交平台上的视觉吸引力和辨识度。这种智能化设计不仅提升了用户的个人形象，还加强了平台的用户参与度和竞争力，并开拓了新的商业机会。

- 平台：小红书、视频号、淘宝、抖音
- 工具：即梦AI
- 方式：头像定制服务、广告合作、头像壁纸、头像衍生商品等

案例展示

案例实操

利用 AI 头像设计功能，可以根据用户的兴趣、行为和社交数据，自动生成符合用户喜好的头像。在设计过程中，AI 能够迅速生成多种风格和表现形式的头像，让用户在保持匿名性的同时，展示出个性化的社交形象。

下面将详细讲解制作专属头像的过程。

1. 生成指令和图像

本次案例选择了使用即梦 AI 的文生图功能来实际操作，即梦 AI 在快速生成符合语境和主题的文本描述和图像插图方面表现比较稳定。用户输入关键词或主题后，系统可以即刻生成精准的文字内容和配图。

步骤 1

用浏览器搜索"即梦 AI"进入主页，单击中间第一行菜单栏里的"图片生成"按钮，如图 2-7 所示。

第 2 章 图像处理

图2-7

步骤 2

进入操作界面后，在左侧文本框中输入头像设计指令"设计一个头像：一个甜美的红发小女孩，抱着一只猫咪，全神贯注地注视着前方，脸部特写，上半身肖像为平面插图，几何造型，简约设计，渐变色背景。"设置相应参数，如图 2-8 所示，再单击"立即生成"按钮。

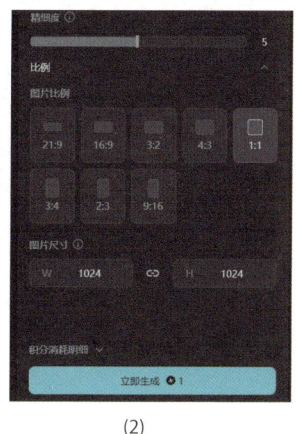

(1)　　　　　　　　　　(2)

图2-8

步骤 3

生成 4 张图像后，单击图像放大，然后单击"下载"按钮，如图 2-9 所示，即可下载高清图片。

(1)　　　　　　　　　　(2)

图2-9

041

2. 生成个人卡通头像

即梦 AI 的智能画布功能还可以生成自己的卡通头像,并且具有一定的辨识度,用户可以通过使用垫图(上传图像)的方式来操作。

步骤 1

在首页单击"智能画布"按钮,进入操作界面,再单击左侧"上传图片"按钮,上传个人的大头照,最好拥有清晰的面部信息,如图 2-10 所示。

图2-10

步骤 2

在文本框里输入描述词,例如"设计头像,皮克斯风格,梦幻背景,动漫风格。"设置相关参数,如图 2-11 所示。

图2-11

步骤 3

单击"立即生成"按钮后,即可生成卡通图像,如图2-12所示,对比原图,生成的卡通图像还原度和指令完成度较高。即梦AI还可以对图像进行进一步绘制,如重绘、扩图、修复、抠图等。单击右上角的"导出"按钮,即可下载高清头像并使用。

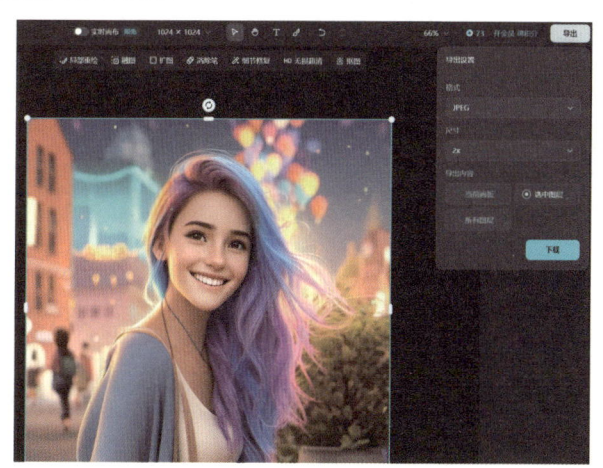

图2-12

2.3 设计创意家居

在现代社会中,家居设计不再局限于传统的实用功能,越来越多的年轻人将其视作个性表达的重要途径。尤其是在数字化和社交媒体的推动下,创意家居设计成为新兴的热门领域。这种趋势不仅满足了消费者对美学和个性化的追求,还促进了创意产业的蓬勃发展。在这个充满活力和竞争的市场中,AI技术的应用正日益成为各大平台和设计师的重要策略。

- 平台:小红书、视频号、抖音
- 工具:DeepSeek、哩布哩布AI
- 方式:销售广告、定制服务、教育课程和家具家居带货等

案例实操

AI家居设计账号之所以能在社交媒体平台迅速赢得用户喜爱，关键在于其能够将虚拟设计与现实家居场景进行创新融合。AI工具不仅能够生成复杂而精美的家居设计图，还能将这些设计巧妙地融入真实的家居环境中，从而极大增强了内容的趣味性和互动性。

下面将详细讲解设计创意家居的过程。

1. 构思主题

AI工具可以为家居设计师提供全新的灵感源泉，所以首先需要确定想要创作的家居设计主题，如现代简约、中式古典等。

在DeepSeek对话框中输入指令"你是一名经验丰富的家居设计师，已经为多个项目提供过设计方案。请设计一个客厅家居方案，设计风格为简约现代，包含落地窗、沙发、背景墙、茶几、地毯等家具上的简单风格描述，字数控制在200字以内。"单击"发送"按钮从而得到家居设计方案，如图2-13所示。

案例展示

图2-13

2. 生成家居设计图

只使用提示词或者关键词生成家居设计图时，生成的图像往往具有随机性，因此只具备参考性。但利用哩布哩布 AI 的图生图（垫图）功能则可以融入真实的家居场景图像，这样生成的家居设计图视觉效果更自然贴切。

步骤 1

用浏览器搜索"哩布哩布 AI"，进入首页，在搜索框中输入"现代家居"，选中一个模型，如图 2-14 所示。

图2-14

步骤 2

单击模型图片，进入模型的介绍页面，单击右侧的"立即生图"按钮，如图 2-15 所示。

图2-15

045

步骤 3

进入操作界面，模型已经默认选好，单击"图生图"按钮，将 DeepSeek 生成的文本修改好后粘贴到提示词输入框里，然后再选择或拍摄一张真实的家居场景图像，上传至下方的图片上传框中，如图 2-16 所示。

图2-16

步骤 4

下拉页面，设置参数，如图 2-17 所示。

图2-17

步骤 5

回到页面顶端,单击右侧的"开始生图"按钮。生成的图像如图2-18所示。

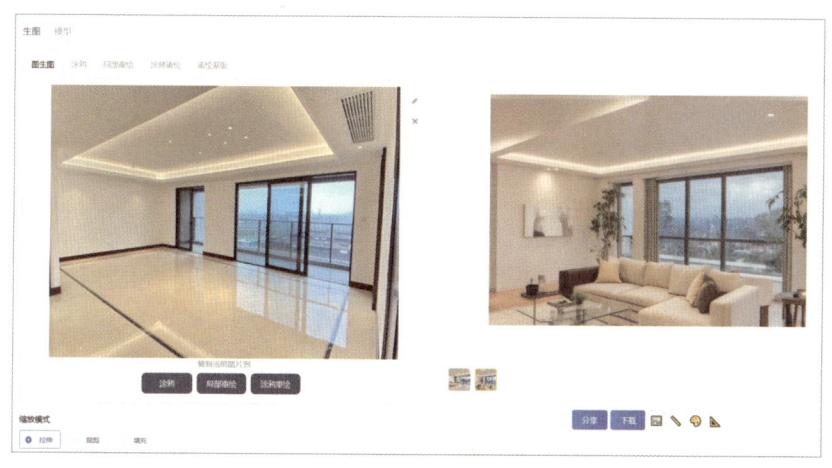

图2-18

2.4 创作国风作品

国风作品逐渐成为文化创意领域的热门潮流。这类作品融合了中国传统文化的精髓,如水墨画、古典诗词和传统服饰等,深受广大读者的喜爱。

- 平台:小红书、视频号、抖音、哔哩哔哩
- 工具:奇域AI
- 方式:合作品牌广告、销售VI设计、国风IP及周边衍生品等

案例展示

案例实操

AI技术为国风作品的创作带来了前所未有的便利和创新空间,创作者能够通过AI技术快速生成符合特定风格和主题的文案和插图。AI技术不仅可以帮助用户加快创作速度,还能够提升文案和画面的质量,确保情感表达得准确和深刻。

下面将详细讲解创作国风作品的过程。

1. 模板创作

奇域AI是一个专注于中式审美的国风AI绘画创作平台,能创作出既具有中国传统文化元素又具有独特国风美感的视觉艺术作品。

步骤 1

用浏览器搜索"奇域AI",进入主页的操作界面,在首页左上角单击"社区"选项,如图2-19所示。

图2-19

步骤 2

在"全部灵感"里面选择满意的风格主题,单击图片,在弹出的窗口中点亮作品,即可解锁"关键咒语",如图2-20所示。然后复制咒语。

步骤 3

返回创作页面,在底部咒语输入框中粘贴咒语,单击"生成"按钮,生成效果如图2-21所示。

图2-20

第 2 章 图像处理

图2-21

2. 咒语创作

除此之外，用户还可以通过输入描述性咒语这种比较具体、详细的描述主体的方式，让AI工具更好地把握构图与主题。

步骤 1

调整需要生成的图像所需的基本参数，在输入框的上方单击第一个按钮，选择"奇域 | 绘画"模型，如图2-22所示。

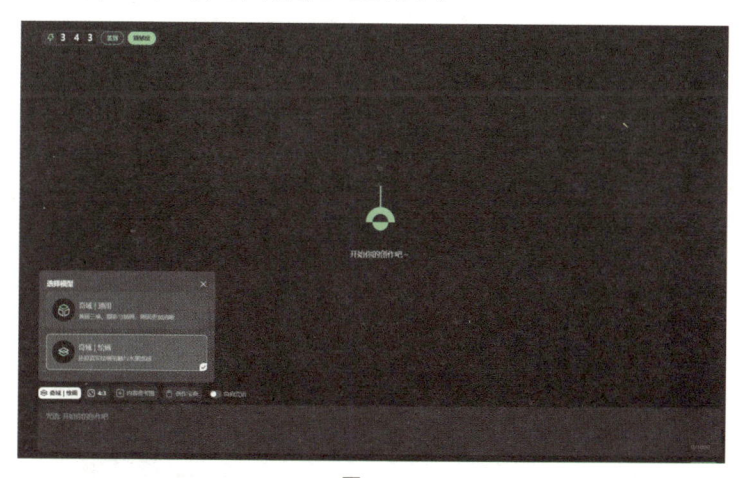

图2-22

步骤 2

单击第二个按钮，选择图片生成后的比例和分辨率，如图2-23所示。

049

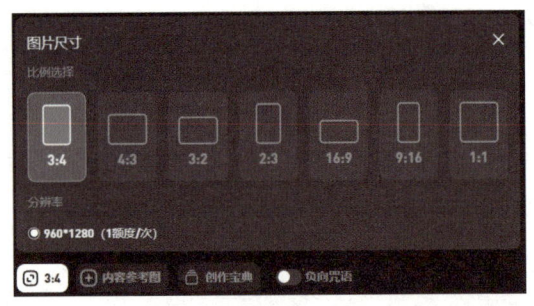

图2-23

步骤 3

单击"内容参考图"按钮，可以上传本地图像，在奇域 AI 绘画过程中提供更多关于所需图像的信息，帮助生成更符合期望的图像，从而弥补提示词描述的不足，如图 2-24 所示。

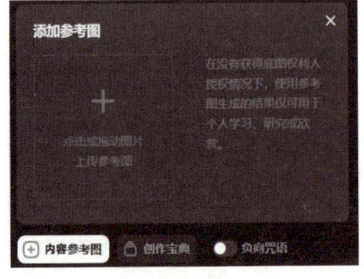

图2-24

步骤 4

单击"创作宝典"按钮，选中需要的风格，单击图片，在弹出的窗口中再单击"插入风格"按钮，如图 2-25 所示。

图2-25

第 2 章 图像处理

步骤 5

在咒语输入框中自动添加"国潮插画"后继续输入描述性文字。咒语一般由"风格词+构图+细节描述词"构成,完成后单击"生成"按钮,生成的国风作品如图2-26所示。

图2-26

锦囊妙计

在奇域AI的咒语中,某一个提示词的位置越靠前,对应元素在画面中所占的比重会越大。用户可以在负向咒语框中输入画面中尽量不希望出现的元素。

2.5 制作写真

写真摄影不仅是记录生活的一种方式,更是表达个性和追求美学的重要手段。随着社交媒体的普及,个人形象和品牌形象的建立成为重要的社交资本。从普通消费者到专业从业者,对于高质量、独特风格的写真摄影需求不断增长。越来越多的人渴望通过个性化的写真作品展示自己的风采和独特性,这也促使了AI写真行业不断创新和发展。

- 平台:小红书、视频号、抖音、淘宝
- 工具:SeaArt AI、Midjourney
- 方式:提供个人形象照、艺术照、写真照等摄影服务,提供多元化、个性化且富有创意的视觉摄影作品等

> **案例实操**

传统的写真摄影合成和后期处理需要投入大量的时间和成本，但AI写真不仅大大提高了制作效率和效果质量，还可以根据需求和喜好，应用于不同的场景和背景中，模仿不同的艺术风格和摄影风格，在满足定制化需求的同时，不损失真实感和观赏性。

下面将详细讲解AI写真的创作过程。

> **案例展示**

1. SeaArt AI 换脸创作

SeaArt AI 可以将目标人物的脸部特征与源人物的图像进行融合，从而生成一个新的合成图像，并让合成图像看起来自然逼真。

步骤 1

进入 SeaArt AI 官网，单击"AI换脸"，进入创作界面，如图2-27所示。

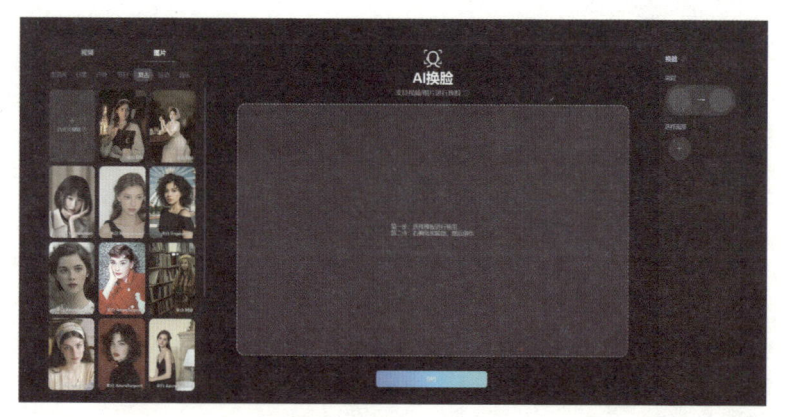

图2-27

步骤 2

在创作界面的左侧选中模板，也可以自定义上传模板，单击"+自定义模板"按钮，选中图像进行上传，如图2-28所示。

图2-28

步骤 3

在创作界面的右侧上传一张面部特写,单击"选择面部"下方的"+"按钮,上传一张替换者的正面照,如图2-29所示。

图2-29

步骤 4

单击底部的"创作"按钮,即可完成换脸,如图2-30所示。

图2-30

2.Midjourney 换脸创作

如果需要更加精致美感、画面繁复的写真，就需要使用更专业的工具，如 Midjourney。

步骤 1

打开 Midjourney，在界面下方的文本框内输入英文符号"/"，并选择"/saveid"命令，如图 2-31 所示。

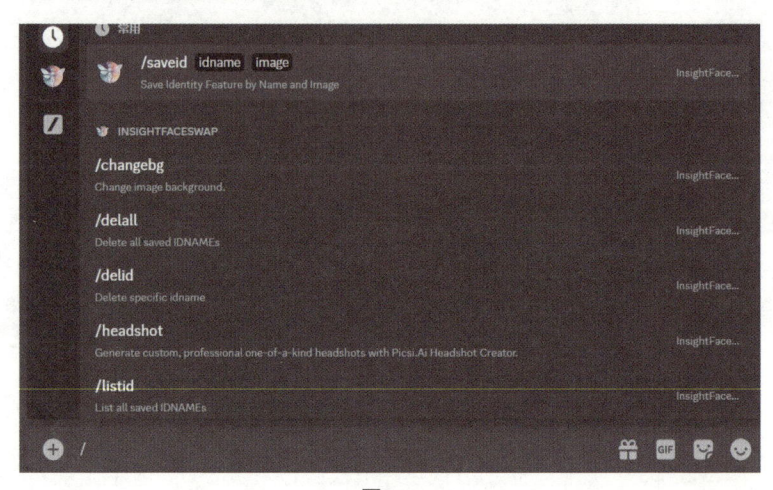

图2-31

步骤 2

上传原图像(图像A),并在idname框内输入图像名称,如图2-32所示,完成后按Enter键。

图2-32

步骤 3

单击输入框前的"+"按钮,上传换脸的目标写真图像(图像B),如图2-33所示。

图2-33

步骤 4

右击图像B,选择APP菜单里的INSwapper,如图2-34所示。

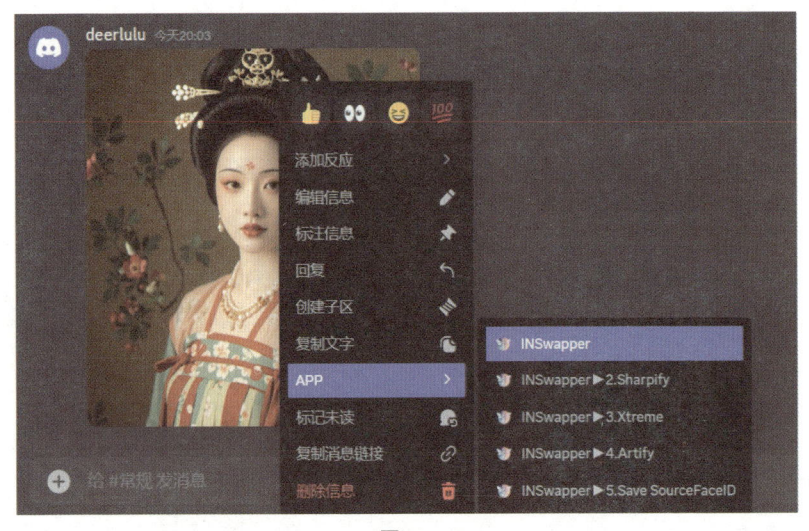

图2-34

步骤 5

换脸后的图像如图2-35所示，尽管目标图像背景复杂，面部也有部分遮挡，但Midjourney仍能较好地完成换脸任务。单击图像可放大并下载。

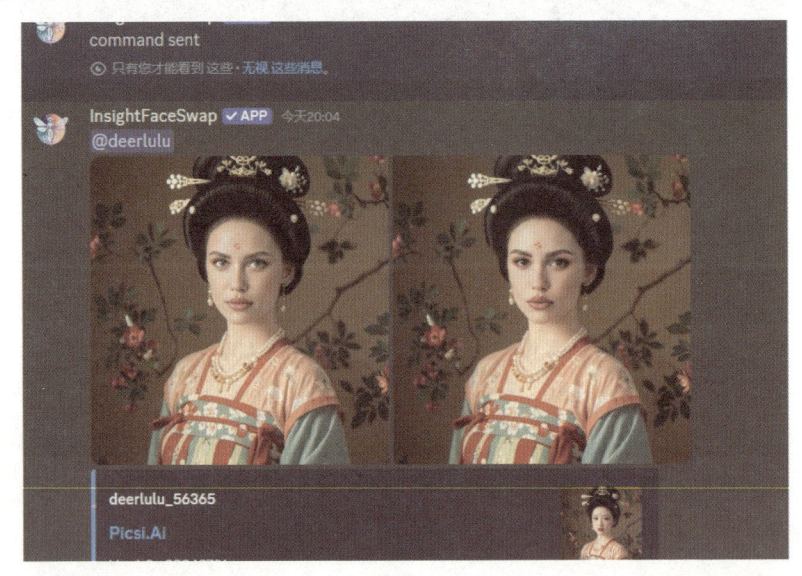

图2-35

第 2 章 图像处理

2.6 制作英语美文

随着全球化进程的加速和互联网的普及,越来越多的人开始注重英语学习。英文精读知识分享账号可以通过分享精读文章,解析语法、词汇和文化背景,帮助读者提高英语阅读能力和语言水平。

- 平台:小红书、知乎
- 工具:Kimi AI、Midjourney、Word
- 方式:知识分享账号、在线教育平台产品、付费订阅等

案例展示

案例实操

AI技术在精读文章,解析语法、词汇和文化背景方面的优势和前景,极大地提高了英语阅读内容创作的效率。

下面将详细讲解制作英语美文的过程。

1. 内容创作

创作出具有美感、深度或独特视角的英文内容,并对其进行编辑和整理,以确保它们之间的连贯性和整体风格的统一性,是制作英语美文的第一步。

步骤 1

进入 Kimi AI 主页,在对话框中输入要求,生成的内容如图 2-36 所示。

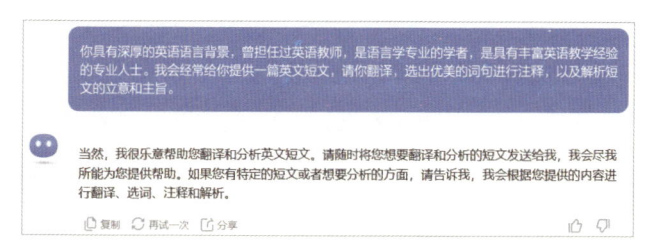

图 2-36

057

步骤 2

在 Kimi AI 理解需求的基础上，输入需要精读的文本内容，如图 2-37 所示。

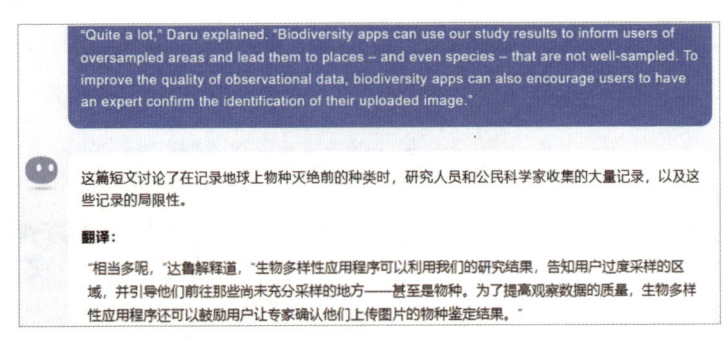

图2-37

步骤 3

尽管生成的内容基本覆盖了要求，但缺少了关键词的提取，可以继续在对话框中输入要求，生成的内容如图 2-38 所示。

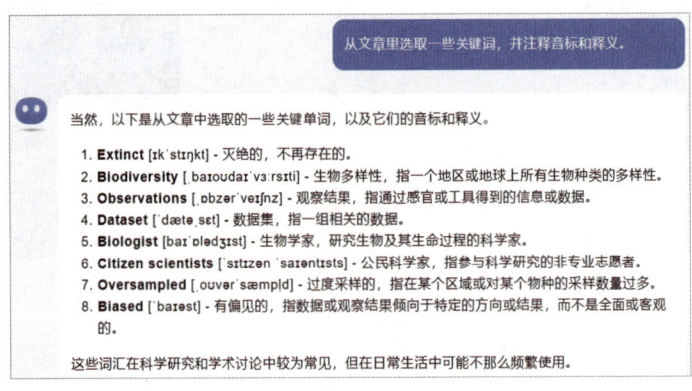

图2-38

2. 视觉设计

如果只是呈现纯文本，内容难免显得枯燥。所以，需要根据文本内容和主题去设计配图或信息图表，以增强文章的吸引力和可读性，可以试着提取主题关键词，借助 Midjourney 进行创作。

步骤 1

打开 Midjourney，在界面下方的文本框中输入英文符号"/"，并选择"/imagine"命令，在"/imagine"命令后的 prompt 栏中输入提示词，如图 2-39 所示。

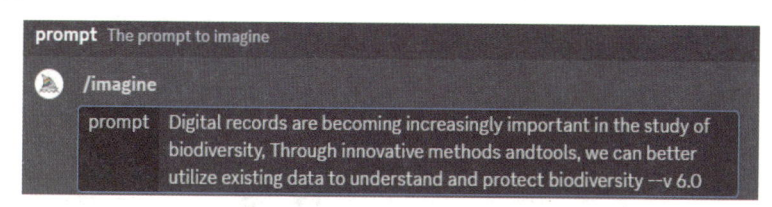

图2-39

步骤 2

在生成的 4 张图像中，选择最喜欢的一张进行保存，如图 2-40 所示。

图2-40

3. 内容排版

根据自己的审美和学习习惯将文本内容以及图像、图表进行排版，可以参考使用的软件有 Photoshop、Word、Powerpoint、AI 等。

步骤 1

打开 Word，新建空白文档，在工具栏中单击"插入"按钮，选择"形状"中的线条和矩形，并输入标题，如图 2-41 所示。

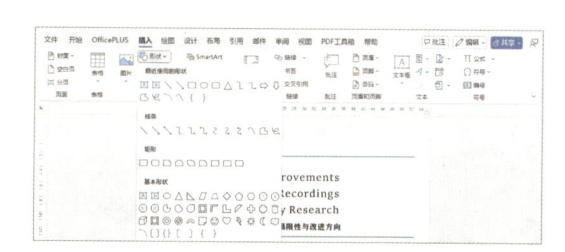

图2-41

步骤 2

单击"插入"按钮,选择"图片"选项,在下拉菜单中单击"此设备"按钮,并选中前面生成的图像,再调整其位置、尺寸,如图 2-42 所示。

图2-42

步骤 3

将文本内容依次录入并且按照英文、译文、关键词、精读句子的顺序调整版面,再用不同颜色的线条和形状进行重点勾画,如图 2-43 所示。

图2-43

锦囊妙计

排版时尽量选用 A4 画面,这样不仅便于网络传播,也便于用户付费分享后下载打印使用。

第 2 章　图像处理

2.7 制作黏土滤镜风格图像

黏土风格的 AI 滤镜在社交媒体平台上尤其受欢迎，这种 AI 滤镜能处理背景和其他元素，使整个画面充满独特的定格动画风格。

- 平台：小红书、知乎、哔哩哔哩、抖音
- 工具：Midjourney
- 方式：教程账号、设计一键生成付费小程序、定制服务、广告合作、动画制作等

案例展示

案例实操

黏土滤镜风格图像不仅可以用于个人头像、社交媒体内容，还可以应用于品牌推广、广告设计、动画视频等商业领域。随着 AI 技术的不断进步，黏土滤镜风格图像的细节和逼真度也在不断提升。

下面将详细讲解制作黏土滤镜风格图像的过程。

1. 描述性文字生图

Midjourney 已经能够很好地执行提示词内容，所以可以直接在文本框中输入强调黏土风格的关键词。

步骤 1

打开 Midjourney，在界面下方的文本框中输入英文符号"/"，并选择"/imagine"命令，在"/imagine"命令后的 prompt 栏中输入提示词，如图 2-44 所示。

图2-44

步骤 2

在生成的 4 张图像中，选择最喜欢的一张保存，如图 2-45 所示。

图2-45

2. 垫图生成

除此之外，还可以通过垫图的形式生成黏土滤镜风格图像。

步骤 1

上传黏土滤镜风格的参考图，单击左下角的"复制垫图网址（自动加逗号）"，如图 2-46 所示。

图2-46

步骤 2

上传需要处理的原图像，并获取原图像的链接，如图2-47所示。

图2-47

步骤 3

在文本框中输入黏土滤镜风格的提示词，然后输入"--sref"指令进行风格复刻，指令格式为"--sref + 黏土风格图像链接"，如图2-48所示。

图2-48

步骤 4

单击"发送"按钮，并不断调整提示词，优化画面效果，再对比较满意的黏土滤镜风格图像单击放大后进行下载。原图像与生成的黏土滤镜风格图像如图2-49所示。

(1)　　　　　　　　(2)

图2-49

> **锦囊妙计**
>
> 有些 AI 工具生成的黏土滤镜风格图像在氛围质感上会非常唯美，但可能没有办法完全复刻原图的细节。想做到高度相似，推荐在 Stable Diffusion 中借助 ControlNet 插件实现。

2.8 制作心理测试图文

利用 AI 技术制作心理测试图文，不仅可以提升内容的质量和吸引力，还能显著提高创作效率。AI 技术可以生成个性化的测试题目和相匹配的图像，使每一个心理测试都充满新鲜感和独特性。

- 平台：小红书、闲鱼、淘宝
- 工具：Kimi AI、DALL-E
- 方式：广告分成收益、品牌广告合作

案例展示

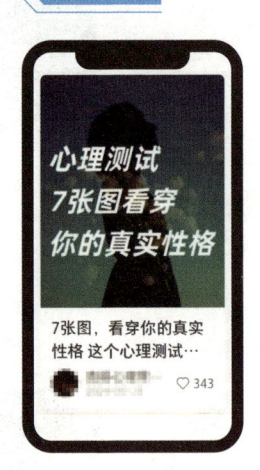

案例实操

首先，利用 AI 工具，如 GPT-4、Kimi AI 等，可以生成各种类型的心理测试题目，确保内容的多样性和时效性。其次，使用 AI 绘画工具，如 DALL-E、Stable Diffusion 或 Midjourney 等，可以制作与测试题目相匹配的高质量图像，增强视觉吸引力。

下面将详细讲解制作心理测试图文的过程。

1. 生成心理测试题目

可以利用 Kimi AI 参考现有的心理测试书籍、网站和研究资料，从职场心理、人际关系、性格分析等多个角度去收集热门心理测试题目。

进入 Kimi AI 主页，在对话框中输入指令"设计一道心理测试题目，题目是选择四幅图像，图像是古桥流水图、花团锦簇图、静谧山水图和城市夜景图，测试的结果跟选择某一幅图有关。"生成的心理测试题目如图2-50所示。

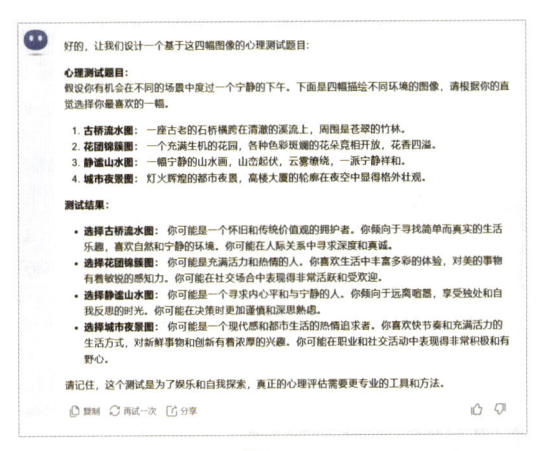

图2-50

2. 生成心理测试图文

使用 AI 绘画工具，制作与心理测试题目相匹配的图片，确保每张图片既美观又贴合主题，从而提高用户的阅读和参与体验。对生成的心理测试题目进行校对和优化，确保逻辑严谨、语言流畅，并且具有吸引人的视觉效果。

步骤 1

进入 DALL-E 主页，在对话框里输入提示词，单击"发送"按钮，生成的内容如图2-51所示。

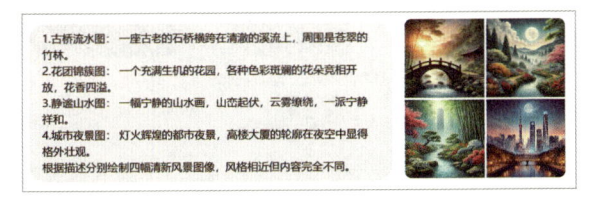

图2-51

步骤 2

通过对生成的图像内容进行仔细观察,发现图像 3 的内容与要求不符,需要优化。可以双击图像进入"图像编辑"窗口,如图 2-52 所示。

图2-52

步骤 3

单击顶部功能栏的"画笔"按钮,描出图像中需要优化调整的范围,如图 2-53 所示。选中修改范围后,在右下角的对话框中输入修改要求,单击"发送"按钮,可以重新生成符合需求的图像,如图 2-54 所示。

图2-53

图2-54

3. 内容发布

将制作好的心理测试图文发布到小红书等社交媒体平台,如图 2-55 所示。

吸引用户留言选择图片序号,再通过与用户的互动告知其选择某幅图像背后的测试结果。

例如,用户留言:图像1,这时可以根据生成的文本扩展回复:选择古桥流水图的你,可能具有内省和深思的特质。你重视传统和历史,对旧时光和文化遗产有着深厚的情感。你可能更倾向于在安静的自然环境中寻找心灵的慰藉,享受独处或与亲密朋友深入交流的时光。在人际关系中,你追求真诚和深度,不喜欢表面的交往,更愿意与他人建立长久而有意义的联系。

图2-55

2.9 设计婚礼现场

AI技术在婚礼布场设计中也逐渐发挥了重要作用。例如，利用AI技术制作个性化的婚礼迎宾立牌和布场设计，可以快速满足新人的个性化需求，提供独一无二的婚礼体验。通过AI技术生成效果图，不仅节省了手绘时间，还能实现更高的精细度和美观度。婚礼布场设计的市场需求越来越大，尤其是在个性化定制方面，AI技术能够大幅提高设计效率和创意水平。

- 平台：抖音、小红书、淘宝、哔哩哔哩
- 工具：Midjourney
- 方式：定制化服务、与婚礼策划师合作提供个性化策划方案、培训婚礼策划师、销售成熟的prompt模板

案例展示

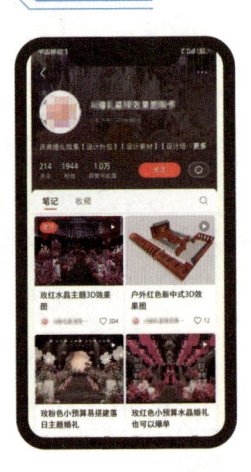

案例实操

使用AI绘图工具，可以快速生成高质量的漫画人物图和布场效果图。完成后可以通过图像处理软件进行细节优化和成图制作。创作者可以在社交媒体平台上展示作品或接单，吸引大量潜在客户。同时，微信私域也是一个重要的营销渠道，通过与客户直接沟通并提供定制服务，能够为婚礼布场设计提供更加个性化的方案。

下面将详细讲解设计婚礼现场的过程。

1. 设计婚礼个性立牌

在客户提供的双人结婚照基础上，利用Midjourney生成个性漫画人物图，并使用Photoshop进行细节优化和图像处理，制作出高清的个性婚礼立牌。

第 2 章　图像处理

步骤 1

　　上传客户提供的结婚照进行垫图,单击左下角的"复制垫图网址(自动加逗号)",如图2-56所示。

图2-56

步骤 2

　　在文本框中输入英文符号"/",并选择"/imagine"命令,在"/imagine"命令后的prompt栏中粘贴图像链接,再输入提示词,如图2-57所示。

图2-57

步骤 3

　　不断调整关键词,得到满意的图像,如图2-58所示。

图2-58

069

2. 设计婚礼周边

在婚礼设计中，LOGO、签到台、欢迎牌、通道、伴手礼等的设计，都可以利用 AI 工具来实现个性化和美观度的提升。

步骤 1

跟客户沟通后，客户想要在一个树木环绕的宽敞草坪上设计夏日户外蓝白色调的西式婚礼场景。该场景中，地上铺着蓝色地毯、撒着白色花瓣，搭配上以白色为主的拱门、装饰着满天星和白色玫瑰、白色椅子上系着蓝色丝带。此外，客户还提供了婚礼的场地图作为参考，如图 2-59 所示。

图2-59

步骤 2

收集好客户的需求后形成关键词，作为婚礼策划的前期灵感，即"夏日户外草坪、蓝白婚礼主题、满天星装饰、白色玫瑰、蓝色布幔、撒白色花瓣、满天星鲜花拱门、白色椅子与蓝丝带、中心花饰、浪漫、自然、清新、简约、干净、中世纪风格。"将这些关键词翻译成英文后提交给 Midjourney 生成参考素材，如图 2-60 所示。

图2-60

步骤 3

在 Midjourney 界面下方的文本框中输入英文符号"/",并选择"/blend"命令,在弹出的两个图片文件的选框中上传图像,如图 2-61 所示。上传图像后按 Enter 键,即可合成图片,如图 2-62 所示。

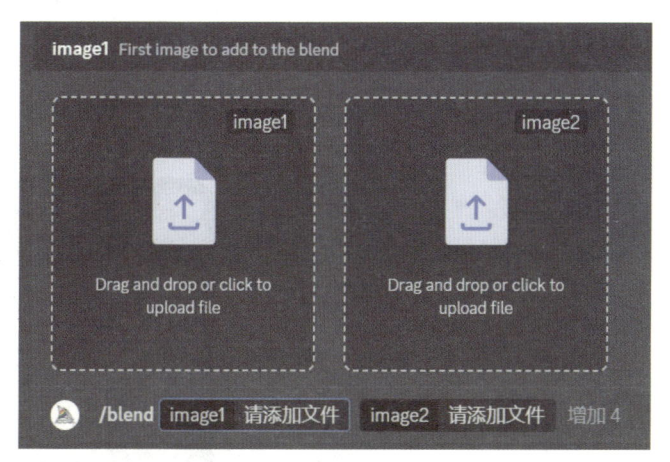

图2-61

图2-62

2.10 设计首饰

在首饰设计领域，AI 技术也可以大大加快设计过程。设计师只需要构思出设计主题和材质，AI 工具通过大数据分析，便可生成多种备选方案，快速呈现出设计效果。

- 平台：淘宝、小红书、抖音
- 工具：Midjourney、Stable Diffusion
- 方式：个性化定制化服务、销售设计图、合作珠宝品牌销售成品首饰、培训珠宝设计师

案例展示

案例实操

设计师能够利用 AI 工具在短时间内生成大量高质量的设计方案，然后利用 AI 设计软件，如 Midjourney、Stable Diffusion 等，快速生成和修改设计方案，或者通过输入描述性文字自动生成，或者使用在线珠宝设计平台创建设计，最后可以将这些设计方案批量上传到社交媒体平台和电商平台。

下面将详细讲解设计首饰的过程。

1. 首饰设计

首饰设计是综合性的艺术设计领域，它融合了美学、材料科学、工艺技术、文化历史以及个人或时代的审美偏好等多个方面。

步骤 1

单击文本框前面的"+"按钮，从本地上传线稿，如图 2-63 所示，按 Enter 键成功上传线稿后复制图片链接。

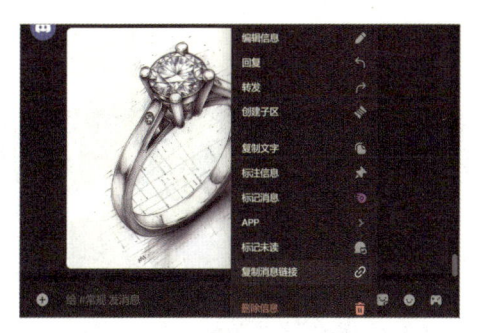

图2-63

步骤 2

在文本框中输入英文符号"/",并选择"/imagine"命令,在"/imagine"命令后的prompt栏中粘贴图像链接,并输入提示词,再按Enter键。生成效果如图2-64所示。

图2-64

2.模型生成

利用Stable Diffusion强大的模型功能可以直接生成首饰设计图。

步骤 1

打开Stable Diffusion,选择majicmixRealistic_v7.safetensors[7c819b6d13]大模型,外挂VEA模型选择 vae-ft-mse-840000-ema-pruned.

safetensors，并单击"图生图"选项卡，在下面的文本框中输入珠宝首饰的提示词，并上传线稿图，如2-65所示。

图2-65

步骤 2

采样方法选择 DPM++2M，迭代步数调整为 30，如 2-66 所示。

图2-66

步骤 3

单击"生成"按钮，右下方的预览窗口会呈现生成的图片，如 2-67 所示。

第 2 章 · 图像处理

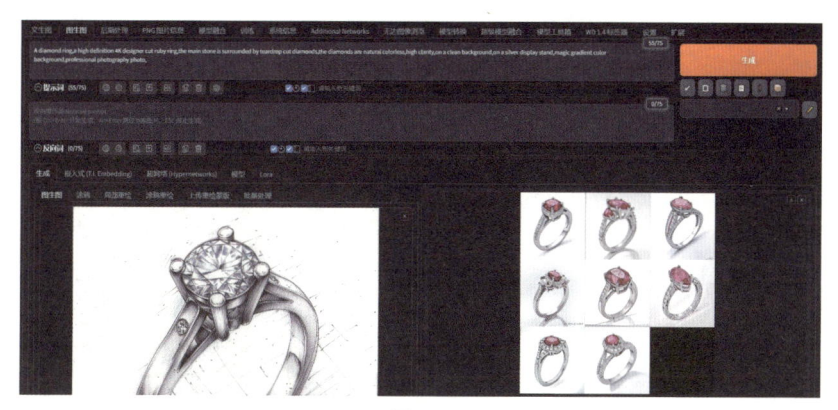

图2-67

步骤 4

可单击预览窗口查看生成的图像，单击保存并下载到本地，如图 2-68 所示。

图2-68

2.11 创作 Q 版人物

Q版人物，即卡通化的人物形象，因其可爱、创意十足的特点在社交媒体平台上备受欢迎。利用 AI 工具生成 Q 版人物，不仅能够吸引大量关注，还能通过各种途径实现商业价值。无论是将经典影视人物、明星还是将普通人的照片转化为 Q 版形象，AI 工具都可以在短时间内完成这一创作过程。

075

- 平台：小红书、抖音、快手、哔哩哔哩
- 工具：奇域AI、秒画
- 方式：个性化定制化服务、小程序取图、接商单合作

案例展示

案例实操

创作Q版人物时，应尽量选取清晰、多角度的人物照片作为素材，这些素材可以通过网络搜索或直接拍摄来收集。

下面将详细讲解创作Q版人物的过程。

1. 根据文字描述生成Q版人物

创作Q版人物会通过艺术创作手段，将原本的人物形象改编成一种具有夸张、可爱等特点的特殊版式化人物。

进入"奇域AI"主界面，在"咒语"输入框中输入提示词，在"负向咒语"输入框中输入不希望出现在图像里面的内容，并单击"创作宝典"按钮，插入"古韵留白"和"水墨人像"两个风格，完成后单击"生成"按钮，即可生成4幅Q版古装女孩图像，如图2-69所示。

图2-69

2. 将照片生成 Q 版人物

除了根据描述性文字生成 Q 版人物，还可以使用秒画将照片生成 Q 版人物。

步骤 1

进入"秒画"官网，单击顶部的"模型管理"按钮，再依次单击"新建模型""训练模型"，如图 2-70 所示。

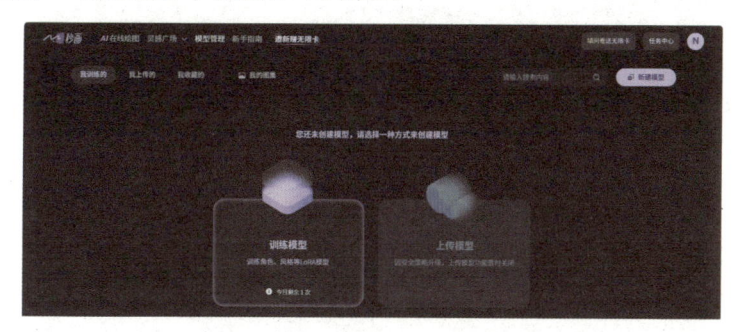

图2-70

步骤 2

上传多张想生成 Q 版人物的参考图，要求正面清晰，如图 2-71 所示，完成后单击"下一步"按钮。

图2-71

步骤 3

根据自己的需求设置参数,然后单击"开始训练"按钮。预计训练时间与提供的参考图数量有关,如图 2-72 所示。

图2-72

步骤 4

单击首页中的"开始创作"按钮,进入操作界面后,进行参数设置,基模型选择 Q 版 3D 盲盒模型,风格(LoRA)则选择刚刚训练好的模型,在文本框中输入提示词,设置生图比例、生图数量,最后单击"立即生成"按钮,如图 2-73 所示。

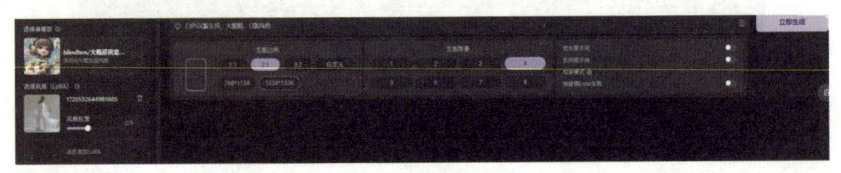

图2-73

步骤 5

单击图片进行局部微调，直至满意为止，如图2-74所示。

图2-74

2.12 制作创意图片

通过AI工具，用户可以不断创作出独一无二的艺术作品，如草莓小狗、西瓜公仔等创意图片和视频。这一领域的市场潜力正在进一步扩大，且有更多的商业机会。

- 平台：小红书、哔哩哔哩、订阅论坛
- 工具：Midjourney、DALL-E、哩布哩布AI
- 方式：NFT市场、周边产品授权、IP授权、社区交流付费订阅

案例展示

> **案例实操**

制作创意图片是一个将想象力、艺术性和技术技能结合起来的过程，旨在通过视觉元素创造出独特、新颖且引人注目的图像。

下面将详细讲解制作创意图片的过程。

1. Midjourney 出图

利用 AI 软件，可以创造出符合设计要求的图像，并对其进行组合、编辑和加工。

步骤 1

打开 Midjourney，在界面下方的文本框内输入英文符号"/"，并选择"/imagine"命令，在"/imagine"命令后的 prompt 栏中输入提示词，如图 2-75 所示。

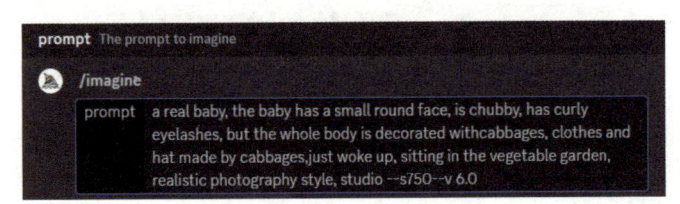

图2-75

步骤 2

生成的 4 张图像如图 2-76 所示。

图2-76

2. DALL-E 出图

作为 Open AI 的文生图模型，DALL-E 工具在图像精细度方面表现更好，而且支持输入中文的描述提示词。

进入 DALL-E 首页，在对话框中输入提示词，然后单击"发送"按钮，生成的图像如图 2-77 所示。

图2-77

3. 设计 IP 效果图

如果想要进一步实现销售，不仅需要平面图像，还需要立体效果图，如盲盒、手办、文创形象等，这时可以借助"哩布哩布 AI"的模型功能来设计生成。

步骤 1

打开"哩布哩布 AI"官网，选择"q 版 3D 盲盒风格"模型，单击"立即生图"按钮，如图 2-78 所示。

图2-78

步骤 2

为了保证生成效果，还可以增加 Lora 模型，选择"魔法手办盲盒可爱化/玩偶/潮玩 LORA/黏土"模型，单击"加入模型库"，如图 2-79 所示。

图2-79

步骤 3

单击"立即生图"按钮进入操作界面，模型已勾选，在文本框中输入提示词，单击右侧的"开始生图"按钮，如图 2-80 所示。

图2-80

步骤 4

不断调整描述提示词、迭代步数和模型权重，最后下载满意的图像生成结果，如图 2-81 所示。

第 2 章 图像处理

图2-81

> **锦囊妙计**
>
> 哩布哩布 AI 作为 Stable Diffusion 的生态网站，用户不需要本地部署就可以体验在线大模型的功能，另外，哩布哩布 AI 在输入描述词的对话框中设置了一键翻译功能，适合更多人在线学习和生产 AI。

2.13 设计海报

无论是在社交媒体、电商平台，还是在企业宣传中，精美的海报都能有效吸引用户的注意力，提高内容的传播力和转化率。AI技术的发展为快速、批量地制作高质量海报提供了新的解决方案。

- 平台：小红书、抖音、快手、哔哩哔哩
- 工具：文心一言、Excel、Canva可画
- 方式：销售设计服务、定制化的海报设计、合作企宣、广告创意、在线课程

083

案例实操

通过结合文心一言的文案生成功能和Canva可画的模板设计功能，即使是非专业设计人员，也能在短时间内设计出大量高质量的海报。AI技术可以实现大规模的文案和设计生成，从而满足电商平台、新媒体运营和企业宣传的需求。

下面将详细讲解设计"黑巧咖啡"主题海报的过程。

案例展示

太逆天了，一键生成图文海报 是不是还在…
♡ 227

1. 生成海报文案

海报文案是指用于设计海报时所撰写的文字内容，它旨在吸引目标受众的注意力，传达信息，激发情感共鸣，并引导目标受众采取特定的行动（如购买产品、参加活动等）。

步骤 1

打开"文心一言"官网，在底部的对话框中输入提示词，例如"请帮我写一个黑巧咖啡的主题海报的文案，包括标题、开场白、行动号召和价格。"如图2-82所示。

> 请帮我写一个黑巧咖啡的主题海报的文案，包括标题、开场白、行动号召和价格。
>
> 【标题】
> "醇享黑巧秘境，唤醒咖啡灵魂 —— 深度烘焙，极致黑巧咖啡之旅"
>
> 【开场白】
> 在晨光初破的温柔里，或是夜幕低垂的静谧时，让一杯精心调制的黑巧咖啡，成为你味蕾的奢华邂逅。我们精选全球顶级咖啡豆，经过匠心独运的深度烘焙工艺，每一滴都蕴含着浓郁而不腻、苦中带甘的醇厚滋味，仿佛穿梭于黑巧克力的丝滑与咖啡香的浓郁之间，唤醒你沉睡的感官，开启一天的新篇章或温柔夜曲。
>
> 【产品亮点】（可融入开场白中，增强吸引力）
> - **极致黑巧风味**：深度烘焙解锁咖啡豆原始魅力，与黑巧克力完美融合，带来前所未有的味觉盛宴。
> - **精选全球豆源**：源自高海拔地区，每一颗豆子都承载着阳光雨露的精华，保证纯正风味。
> - **匠心手作**：专业咖啡师匠心调制，确保每一杯都是对品质的极致追求。

图2-82

步骤 2

在对话框中输入生成多个文案的指令,例如"请根据这个格式,生成 5 个这样的产品海报文案,然后用表格输出。"如图 2-83 所示。

图2-83

2. 批量生成海报

海报是视觉传达的重要表现形式,旨在通过版面的构成吸引人们的目光,并在短时间内传递出宣传信息。海报不仅具有广告的功能,还能向群众介绍某一物体、事件或活动,是现代宣传活动中不可或缺的一部分。

步骤 1

进入 Canva 可画平台主页,在顶部搜索栏搜索"咖啡",单击"筛选"按钮,进一步精准选择范围,如图 2-84 所示。

图2-84

步骤 2

在搜索结果里面选择自己满意的模板，单击选中模板右上角的"…"按钮，再单击"编辑模板"按钮，进入编辑操作界面，如 2-85 所示。

图2-85

步骤 3

在模板上进行必要的编辑，如删除不需要的元素、调整元素位置等，完成后单击左侧最底部的"应用"按钮，然后单击"批量创建"按钮，如图 2-86 所示。

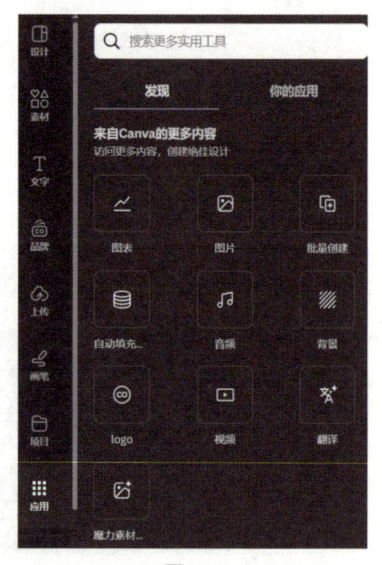

图2-86

步骤 4

单击"添加数据",选择在文心一言中生成的 Excel 文件"Sheet 1",然后单击"继续"按钮,如图 2-87 所示。

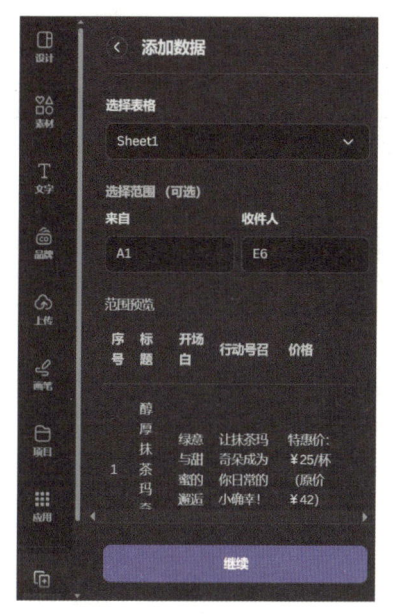

图2-87

步骤 5

选中模板中相应的文字框,右击"关联数据"按钮,左边栏对应的数据会被点亮,如图 2-88 所示。

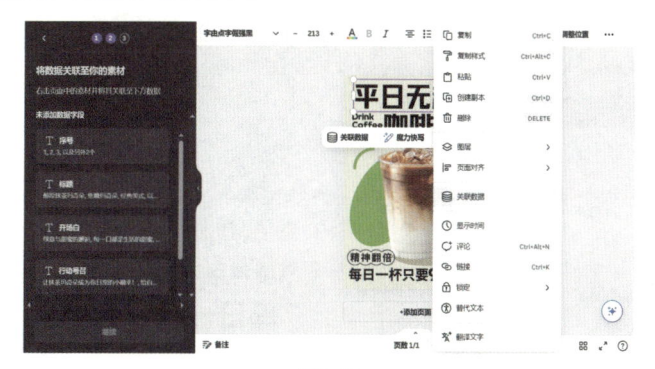

图2-88

步骤 6

关联数据后,Canva可画将根据关联的文案,自动生成图片,如图2-89所示。

图2-89

步骤 7

根据要求微调文字大小、版面对称等细节,最后在界面右上角单击"导出"按钮,并选择"下载",如图2-90所示。最终效果如图2-91所示。

图2-90

图2-91

2.14 设计英语闪卡

学生在学习英语单词的时候，英语闪卡可以通过图像加深其对词汇的理解和记忆。利用AI技术，可以快速生成大量符合特定主题和难度的英语单词和句子，并可根据学生的年龄段、学习进度和个人兴趣定制适合他们学习水平的英语单词表和示例句子。

- 平台：小红书、视频号、淘宝网
- 工具：Word、文心一言、ChatGPT、Photoshop、Keymemo
- 方式：流量广告变现、销售实体闪卡变现

案例展示

案例实操

使用AI技术来设计英语闪卡，不仅能够迅速生成大量与特定主题和难度相匹配的英语单词及例句，而且能够根据学生的年龄段、学习进度和个人兴趣，智能地构建出定制化的学习资料。这种AI技术的核心优势在于其速度和灵活性，能够在短时间内形成庞大的教育资源矩阵，满足不同学习者的需求。

下面将详细讲解为小学一年级学生设计英语闪卡的过程。

1. 制作文本内容

根据教学需求或学生的学习阶段，首先确定需要制作英语闪卡的单词列表。这个列表可以是常见的英语单词，也可以是特定主题的英语单词。再使用文本编辑器或AI文本处理工具，根据学习需求为每个单词创建相应的文本描述，包括单词的拼写、音标、词性、例句等。

打开"文心一言"官网，在对话框中输入指令"罗列小学一年级学生需要学习掌握的英语单词，格式为英文、音标、中文意思、例句、例句翻译。"如图2-92所示。

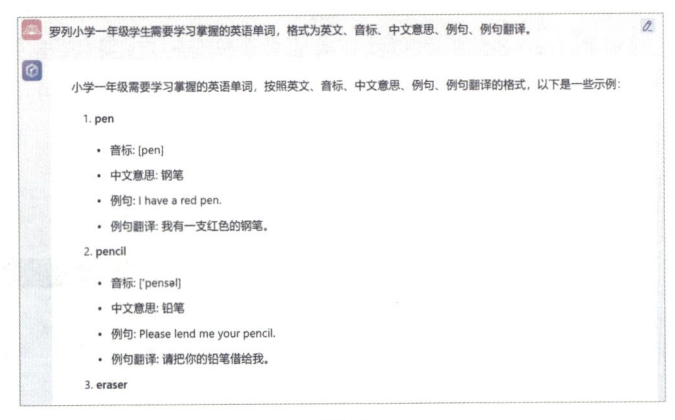

图2-92

2. 制作图像

根据单词列表以及例句的相关性，收集或生成与其相关的图像素材，可以使用AI图像生成工具（如DALL-E、Midjourney等）根据单词的描述生成相关的图像。

步骤 1

打开ChatGPT，在对话框中输入"设计一张卡片，正面居中是学校的图片，简约儿童卡片风格。"如图2-93所示。

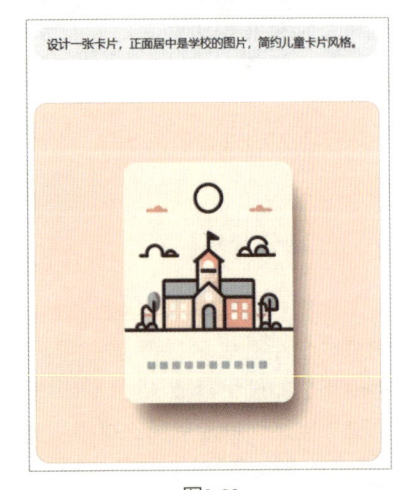

图2-93

步骤 2

如果对生成的结果满意,可以再继续生成英语闪卡的背面图像,去对应单词列表里面的单词例句,在对话框中输入"为'我每天去学校'这句话设计一张同风格的卡片。"如图 2-94 所示。

图2-94

步骤 3

不断优化对话框中的提示词来生成图片,直至生成的图片满足单词的相关性和描述。最后,下载图片并保存到本地。

3. 闪卡设计

确定闪卡的布局,包括文本和图像的位置、大小等。用户可以选择使用专业的设计软件(如 Photoshop、Adobe Illustrator、Sketch 等)或在线设计工具来设计布局。将处理好的文本和图像添加到闪卡设计中,确保文本清晰可读,图像与单词相关联。

步骤 1

进入 Photoshop,打开图片,如图 2-95 所示。

图2-95

步骤 2

单击"文字工具"按钮，选择字体并输入 school，设置字体大小，如图 2-96 所示。

图2-96

步骤 3

按快捷键 Ctrl+S 保存或导出为高质量的图片文件或 PDF 文件，如图 2-97 所示。

图 2-97

4. 闪卡模型制作

用户还可以使用 Keymemo，制作英语闪卡学习模型进行训练。

步骤 1

进入 Keymemo 官网，单击右上角的"进入工作台"按钮，单击"+"图标，选择"新建卡盒"按钮，如图 2-98 所示。

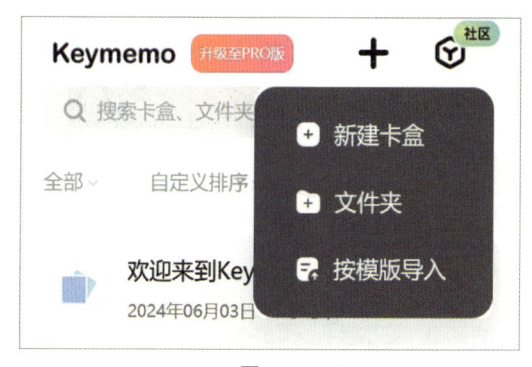

图 2-98

步骤 2

在弹出的窗口中单击"新建双面卡"选项，接着输入标题"英语闪卡"，单击"确定"按钮，如图 2-99 所示。

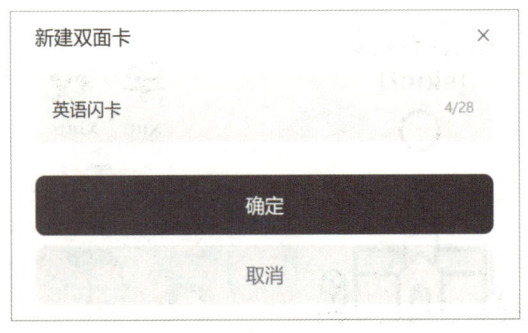

图2-99

步骤 3

进入主页，单击左上角的"文档制卡"按钮，上传有单词列表的 Word 文档，完成后单击"前往编辑"按钮，如图 2-100 所示。

图2-100

步骤 4

单击左上角的"显示文档"，页面左边会呈现文档的全部内容，文档旁有上下两个输入框，一个是正面内容编辑区，另一个是背面内容编辑区。

选中文档里的"school [sku:l]",在浮动菜单里单击"添加到正面"选项,正面内容编辑区就自动录入了相应的文字,再单击"图片"按钮,将生成的图片添加到正面内容编辑区,如图 2-101 所示。用同样的操作方式添加闪卡背面的文本和图片,完成后单击"确定"按钮。

图2-101

步骤 5

单击页面右上角的"完成"按钮即可返回工作台,单击"闪卡"按钮即可进入学习模式,学习模式下可以单击"喇叭"按钮听标准发音,单击闪卡空白处或按空格键可以翻转双面闪卡进行学习记忆,如图 2-102 和图 2-103 所示。

图2-102

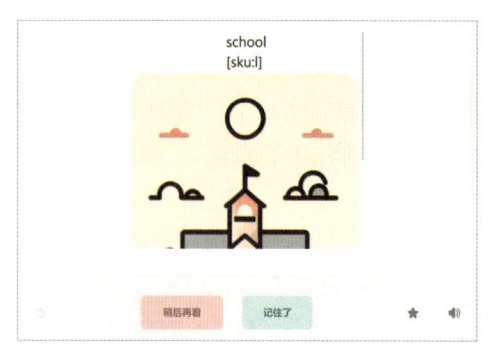

图2-103

> **锦囊妙计**
>
> 如果需要为大量文本批量制作闪卡，可以编写脚本实现自动化处理。例如，使用Python编写脚本，读取单词列表，调用AI模型生成文字和图片，然后自动排版生成闪卡。

2.15 制作表情包

在这个网络聊天工具层出不穷的时代，表情包是交流的"暗号"。借助AI工具，完全可以自己去创作各种个性化的表情包。

- 平台：小红书、抖音、淘宝网
- 工具：无界AI、Pixian、Photoshop
- 方式：合集销售、引流授课、定制化设计服务、在微信或抖音平台上传表情包接受打赏模式等

案例展示

案例实操

表情包已经成为我们在沟通中不可或缺的元素，AI技术的融入让表情包市场焕发了新的活力。基于AI技术的表情包的副业市场，即便是新手也能很快上手。

下面将详细讲解制作表情包的过程。

1. 生成表情包

目前，市面上文生图的软件工具比较多，也比较丰富，比如文心一格、奇域 AI、天工 AI 大模型、无界 AI 等。下面将利用无界 AI 的文生图功能，生成表情包。

步骤 1

进入"无界 AI"首页，在顶部菜单栏中选择"AI创作"按钮，在第一排单击"漫画模型"，在画面描述文本框中输入提示词，如图 2-104 所示。

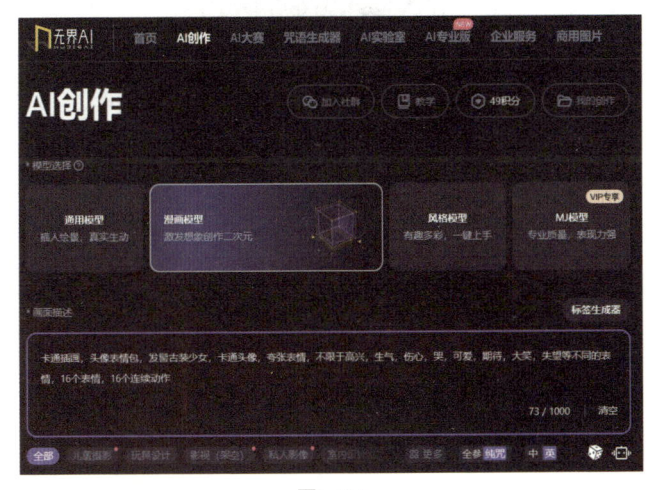

图2-104

步骤 2

在画面大小栏中单击选择 1:1，在模型主题栏中选择 NJXL V5，如图 2-105 所示。

图2-105

步骤 3

设置生成图像数量后，单击底部的"立即生成"按钮，最后，生成的表情包图像如图2-106所示。

图2-106

2. 加工表情包

生成合适的表情包图像后，还需要进一步编辑加工，通过裁剪、去掉背景、调整像素等，让图片变为一套真正的"表情包"。

步骤 1

打开Pixian，如图2-107所示，将生成的表情包图像拖曳进上传图像区。在跳转的裁切界面（图2-108）中框选其中一个表情，单击页面右下角的OK按钮。

第 2 章 图像处理

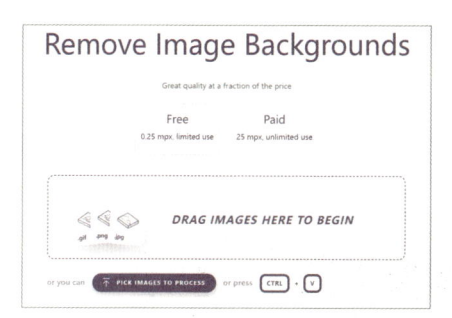

图2-107

图2-108

步骤 2

在跳转的图像设置界面设置具体参数，如图2-109所示。

图2-109

步骤 3

将表情包下载到本地。进入 Photoshop，打开表情包图像，单击左侧工具栏的画笔工具，给每张表情包图像配上贴切的文字，如图 2-110 所示。

图2-110

099

步骤 4

单击顶端的"文件"选项卡,选择"导出"中的"导出为"。在"格式"选项卡中选择"GIF",其他尺寸比例不变,如图2-111所示,完成后单击"导出"按钮。

图2-111

步骤 5

重复上述步骤,将所有表情包逐一进行加工。部分加工生成的表情包如图2-112所示。

图2-112

> **锦囊妙计**
>
> 大多数表情包上传到平台的数量都是8的倍数,因此,在生成表情包时,选择16或者24个比较合适。上传至平台的表情包缩略图要求为PNG格式,主图要求为GIF格式,所以在使用Photoshop加工每一个表情包图像时记得导出这两种格式的文件备用。

第 2 章 图像处理

2.16 制作形象照

高质量的形象照无论是在个人品牌的建立还是在社交媒体的展示中，都扮演着重要角色。通过 AI 工具生成的形象照不仅可以显著提升个人形象，还可以在各种场景中发挥重要作用。

- 平台：LinkedIn等招聘平台、淘宝、小红书、闲鱼
- 工具：即梦AI
- 方式：在线课程、企业合作、定制服务、线下门店

案例展示

案例实操

形象照的实际应用场景非常广泛，例如一位男士应邀参加一次关于金融行业的高端讲座的公开演讲，希望用 AI 生成一套宣传海报，海报上的形象照要求有质感与专业感。

下面将详细讲解制作形象照的过程。

1. 上传正面照

利用即梦 AI 的图生图功能生成形象照，首先需要上传自己的高清正面照。

步骤 1

用浏览器搜索"即梦 AI"，进入主页，单击中间第一行菜单栏里的"智能画布"按钮，如图 2-113 所示。

图2-113

101

步骤 2

进入操作界面后,在左侧菜单栏中单击"上传图片"按钮,上传成功的高清正面照会显示在中间的画布里,如图 2-114 所示。

图2-114

2. 生成形象照

形象照是一种专业的摄影形式,旨在展示个人或组织的形象、气质和风格。它不同于日常的生活照或随意的自拍照,而是经过精心策划、布置和拍摄,以呈现出人物最佳状态时的照片。

步骤 1

成功上传正面照后,"图生图"按钮从灰色变亮,单击"图生图"按钮,在文本框中输入描述词,如图 2-115 所示,设置好参数后单击"立即生成"按钮。

图2-115

步骤 2

生成图对比原图,其还原度和指令完成度较高。即梦AI还可以对图像进行进一步绘制,如重绘、扩图、修复、抠图等,绘制完成后单击右上角的"导出"按钮,即可下载高清图像,如图2-116所示。

图2-116

> **锦囊妙计**
>
> 用户还可以使用即梦AI的抠图和扩图生成功能,先将形象照的背景删除,再套用背景生成各种宣传海报。

2.17 定制红包封面

社交软件上的红包是一种传递祝福和心意的新兴方式,而高级独特的红包封面可以让人眼前一亮。

- 平台:微信红包封面开发平台、淘宝、小红书
- 工具:哩布哩布AI、Canva可画
- 方式:上传平台销售、销售红包封面设计版权、企业合作、品牌定制红包封面等

> 案例实操

越来越多的用户和创作者涌入红包封面市场，结合 AI 设计，可以更容易定制红包封面。

下面将详细讲解定制红包封面的过程。

1. 生成封面素材

根据红包的用途和节日氛围，选择合适的主题和色彩搭配，还可以在设计中融入各种图案和元素来丰富画面效果。

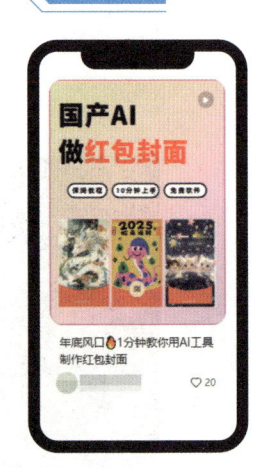

步骤 1

进入"哩布哩布 AI"主页，选择"财神送福，财源广进"模型，单击右边的"立即生图"按钮，如 2-117 所示。

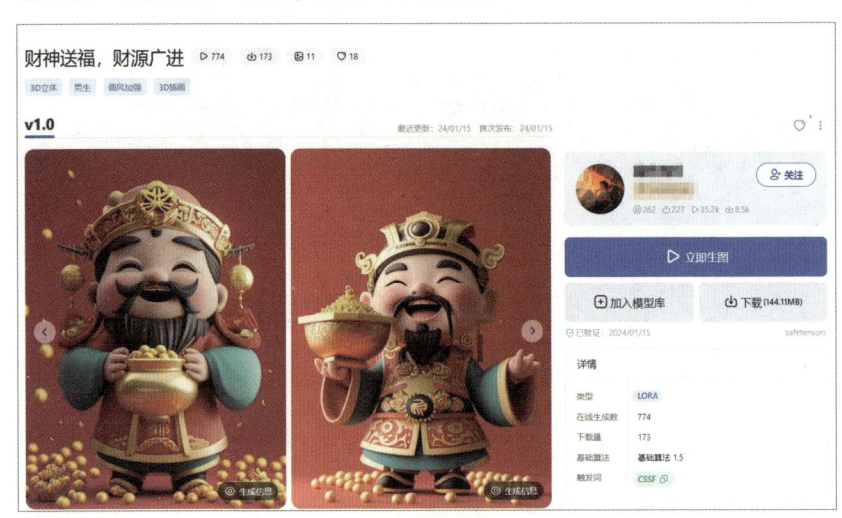

图2-117

步骤 2

进入操作界面，在对话框中输入提示词，如图 2-118 所示。

第 2 章 图像处理

图2-118

步骤 3

设置迭代步数为 30，图像尺寸为 760*1024（按微信平台红包尺寸比例设置，便于后面编辑），图片数量为 3，如图 2-119 所示。

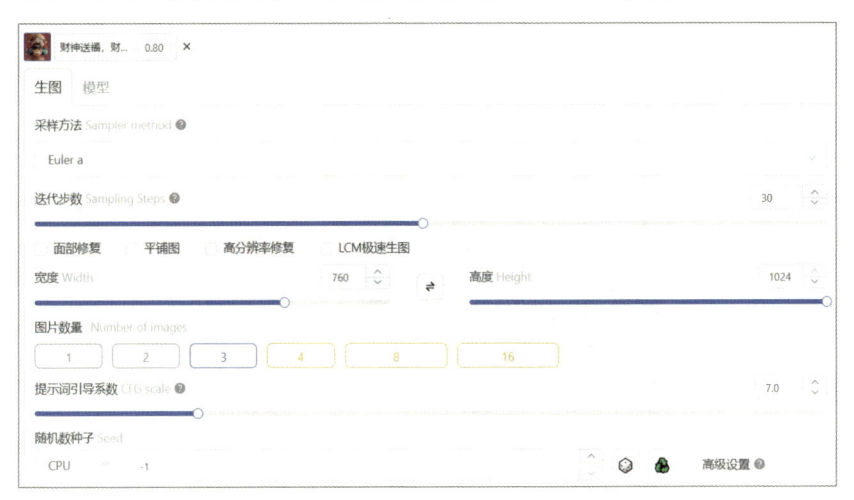

图2-119

步骤 4

单击右上角的"开始生图"按钮，下载满意的图像，如图 2-120 所示。

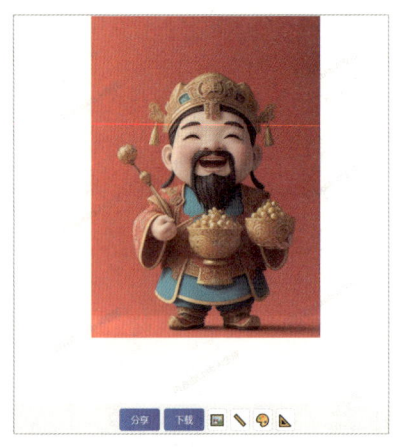

图2-120

2. 生成红包封面

通过运用不同的设计元素（如图片、文字、色彩等），红包封面可以传达出节日氛围、祝福情感或品牌信息等，从而在发送和接收的过程中更加生动有趣。

步骤 1

进入Canva可画主页，在搜索栏中输入"红包"，选择一个喜欢的模板。单击模板右上角的"…"按钮，再单击"编辑模板"按钮，如图2-121所示。

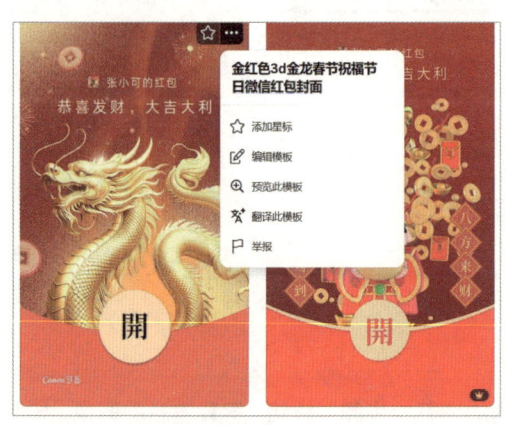

图2-121

第 2 章 图像处理

步骤 2

进入模板操作界面,删除模板上不需要的元素。在左侧菜单栏中单击"上传"按钮,图像上传成功后,单击图像或者直接拖曳图像到模板上,如图2-122 所示。

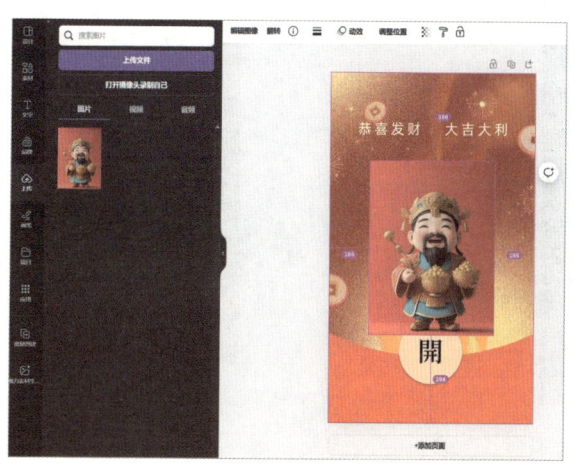

图2-122

步骤 3

调整图像大小,并选择抠图工具,删除图像背景,如图 2-123 所示。

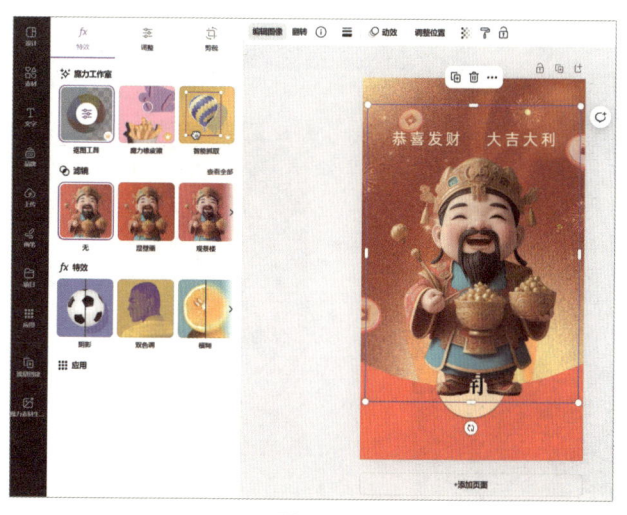

图2-123

107

步骤 4

单击顶部"调整位置"按钮,调整好画面的层次关系,如图 2-124 所示。

图2-124

步骤 5

在左侧菜单栏里选择"文字"功能添加祝福语,设置字体、大小,调整位置等,如图 2-125 所示。完成后单击右上角的"导出"按钮,下载时设置为 PNG 格式。

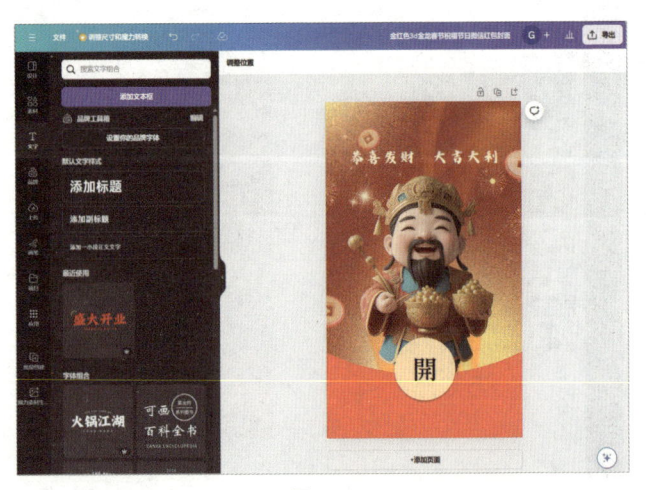

图2-125

第 2 章 图像处理

2.18 制作电商模特产品图

在电商领域，高质量的模特产品图对于吸引客户和提升销量至关重要。传统的模特拍摄需要高昂的成本和大量的时间，而 AI 工具可以高效、高质量地生成模特产品图。这种方式不仅极大地提高了商品的曝光率和销售额，还能助力商家在激烈的电商竞争中获得优势。

案例展示

- 平台：淘宝、京东等电商平台，小红书、抖音等推广页
- 工具：Midjourney、Pixian
- 方式：电商销售、定制模特、定制产品图、企业合作、品牌联名等

案例实操

电商市场需求量大，用户基数广，特别是在移动互联网高度发达的当下，高质量的电商模特产品图更是深受欢迎。

下面将详细讲解制作电商模特产品图的过程。

1. 生成模特素材

如果已有固定模特，可以使用模特本身的图像作为素材，如果暂时没有模特，可以尝试利用 AI 工具生成一个模特。

步骤 1

打开 Midjourney，在界面下方的文本框内输入英文符号"/"，并选择"/imagine"命令，在"/imagine"命令后的 prompt 栏中输入提示词，如图 2-126 所示。

图 2-126

109

步骤 2

在生成的 4 张图像中，选择最喜欢的一张保存（U2），如图 2-127 所示。

图2-127

2. 准备换装素材

需要准备一些可供用户自由替换、组合的服装元素，这些元素包括但不限于图案、颜色、款式等，旨在帮助用户打造个性化的服装风格。

步骤 1

服装图像可以使用现成的产品图，也可以使用由 AI 提示词生成的素材，如图 2-128 所示。

图2-128

步骤 2

打开 Pixian，将图像拖曳进上传图像区。在跳转的裁切界面中单击右下角的 OK 按钮。跳转至图像设置界面，设置保存格式为 PNG，其他参数保持默认，如图 2-129 所示。完成后单击 DOWNLOAD ALL 按钮下载图像。

图2-129

3. 进行换装

通过模特换装将商品进行多样化展示，这样可以使商品呈现出不同的风格和效果，增强消费者的购买欲望，提高商品的曝光率和销售量。

步骤 1

回到 Midjourney，上传服装素材图，单击左下角的"复制垫图网址（自动加逗号）"，如图 2-130 所示。

图2-130

步骤 2

找到生成的模特图像,单击下方的 Vary(Region)按钮进行局部重绘,如图 2-131 所示。

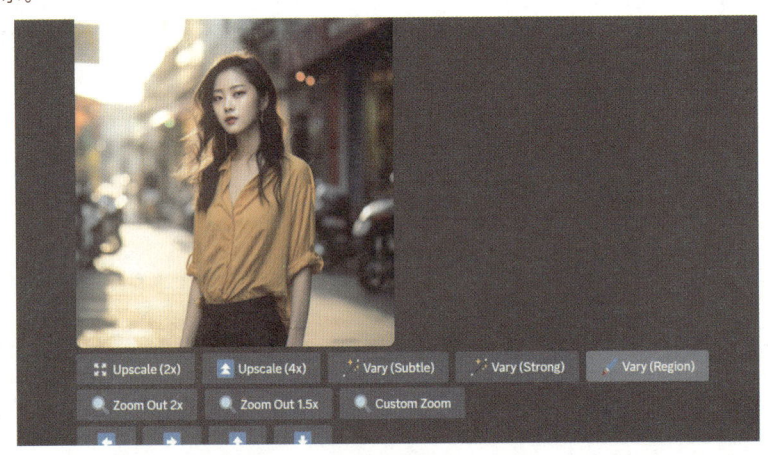

图2-131

步骤 3

单击"框选工具"按钮,选中图中需要换装的衣服部分。完成后在输入框原本的提示词前粘贴换装素材的链接,如 2-132 所示,再单击右箭头按钮,最终生成的电商模特产品图像如图 2-133 所示。

图2-132

图2-133

2.19 制作创意儿童相册

记录孩子成长的方式各种各样，除了实景拍摄写真，个性化创意相册也成了越来越多家长的选择。例如，用AI工具生成宇宙、沙漠、海底、原始森林等场景，或者结合历史、地理文化穿越场景等，这样不仅能赋予儿童写真新的生命力和创意空间，也能为孩子们创造独一无二的教育娱乐和回忆体验。

- 平台：淘宝、小红书、抖音、哔哩哔哩
- 工具：Midjourney、Canva可画
- 方式：电子相册、定制服务、与早教等教育机构合作、摄影机构门店

案例实操

为了拓展孩子的想象力，可以利用 AI 技术将孩子的照片与宇宙场景结合，生成一本创意相册。

下面将详细讲解制作创意儿童相册的过程。

案例展示

1. 生成素材

在制作相册前，首先利用 Midjourney 文生图的功能生成素材图。

步骤 1

打开 Midjourney，上传孩子的照片，在界面下方的文本框内输入英文符号"/"，并选择"/saveid"命令，如 2-134 所示，再按 Enter 键。

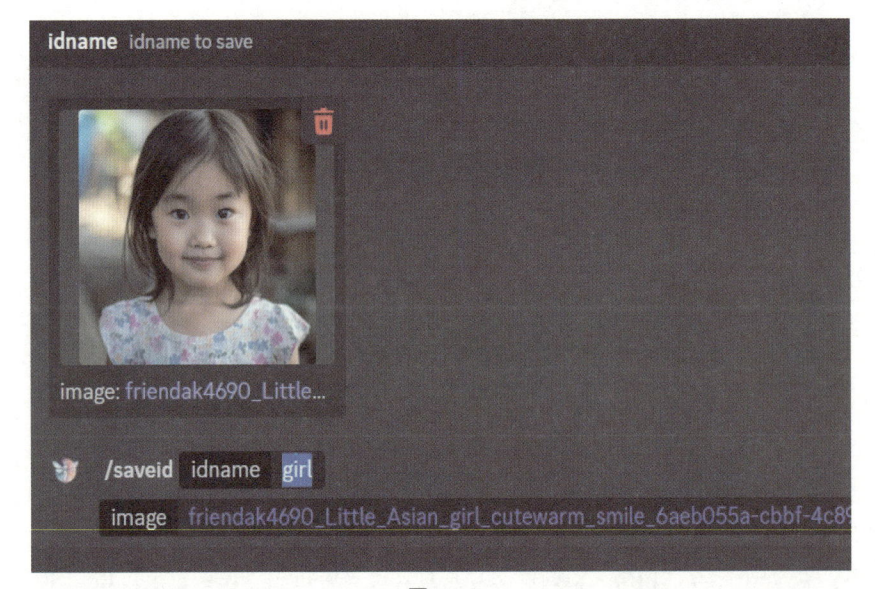

图2-134

第 2 章 图像处理

步骤 2

在界面下方的文本框中输入提示词,待图像不断生成后选中满意的图像,如图 2-135 所示。

图2-135

步骤 3

右击图像,选择 APP 中的 INSwapper,如图 2-136 所示。

图2-136

步骤 4

效果如图2-137所示，重复以上步骤，可以多生成一些照片。

图2-137

2. 相册排版

相册排版是指对相册中的照片和元素进行布局、设计和排列，以达到视觉上的美观、有序和富有故事性的效果。

步骤 1

进入"Canva可画"主页，单击"拼图"，如图2-138所示，进入拼图功能界面。

图2-138

步骤 2

选择喜欢的模板,单击模板进入操作界面,再单击左侧的"上传"功能,上传本页相册需要的照片,如图2-139所示。

图2-139

步骤 3

依次单击照片和背景图,选择顶部"调整位置"功能进行图层、字体、颜色、大小的调整,如图2-140所示。

图2-140

步骤 4

单击"添加页面"按钮可以按需求生成更多的相册页,最后单击界面右上角的"导出"按钮进行下载。如果想要电子相册,保持默认设置即可;如果需要高清打印制作,则需要设置文件类型为"PDF打印",勾选"裁剪标记和出血线",颜色配置文件选择"CMYK",如图 2-141 所示。最终效果如图 2-142 所示。

图2-141

图2-142

第 3 章

视频创作

AI技术在视频创作中的应用包含了从前期素材处理到后期制作、从内容创作到分发推广的各个环节,为视频创作行业带来了革命性的变化。随着AI技术的不断发展和完善,未来的视频创作将会迎来更多的创新和突破。

3.1 制作独居 vlog

独居 vlog 是独居者用来记录并分享自己日常生活点滴的视频内容。这类 vlog 通常会展现独居者在家中的各种活动，如起床、做饭、工作、学习、娱乐、休息等。近年来，在社交媒体平台上，独居 vlog 吸引了大量观众的关注和喜爱。AI 技术在这方面可以简化 vlog 内容的制作流程。

- 平台：抖音、小红书、哔哩哔哩
- 工具：文心一言、Midjourney、Stable Video、剪映
- 方式：流量视频变现、抖音变现、小红书变现

【案例展示】

【案例实操】

独居 vlog 是以第一人称视角记录生活，让观众能够直观地感受到独居者的日常生活状态，这种真实性和贴近性容易引发观众的共鸣。

下面将详细讲解制作独居 vlog 的过程。

1. 获取提示词内容

在用 AI 技术制作图像前，首先需要确定 vlog 的大致内容和分镜。

步骤 1

用浏览器搜索"文心一言"，单击链接进入网页版首页。在"文心一言"页面中间的对话框中输入要求，如图 3-1 所示。

> 我想制作一个plog转vlog的短视频，需要四张vlog的图片，将图片转化为视频。现请你作为一位制作独居vlog的生活博主，生出四张vlog的照片内容。

图3-1

步骤 2

生成对应的分镜以及每个画面的提示词，如图 3-2 所示。

> 我想制作一个plog转vlog的短视频，需要四张vlog的图片，将图片转化为视频。现请你作为一位制作独居vlog的生活博主，生出四张vlog的照片内容。
>
> 作为一位制作独居vlog的生活博主，我会为这四张vlog图片构思出具有连贯性和故事性的内容，以便你能够顺利地将它们转化为一个吸引人的短视频。以下是我为这四张图片设想的内容：
>
> **第一张图片：晨光中的自我唤醒**
>
> 内容描述：
> 画面展现清晨的第一缕阳光透过窗帘缝隙，洒在床边。镜头缓缓推进，聚焦在一张安静沉睡的脸庞上（可以是侧脸或背影，保持神秘感）。随着轻柔的闹钟声响起，画面中的主角缓缓睁开眼，伸了个懒腰，脸上洋溢着对新一天的期待。背景音乐是轻快的晨光曲，营造出清新、充满活力的氛围。
>
> **第二张图片：厨房里的创意早餐**
>
> 内容描述：
> 镜头切换至厨房，展示主角穿着围裙，正在忙碌地准备早餐。画面中可以出现各种食材的特写，如新鲜的水果、全麦面包、煎蛋等，以及主角灵巧的双手在锅碗瓢盆间穿梭的画面。背景音乐转为轻快的爵士乐，营造出一种轻松愉快的烹饪氛围。主角对着镜头微笑，介绍自己的创意早餐搭配，展现独居生活的乐趣和品味。

图3-2

2. 制作图像

根据绘图提示词，AI绘画工具可以绘制出独居 vlog 中需要的画面。

步骤 1

将文心一言生成的分镜提示词翻译成英语。打开 Midjourney，在界面下方的文本框内输入英文符号"/"，并选择"/imagine"命令，在"/imagine"命令后的 prompt 栏中输入提示词，如图 3-3 所示。

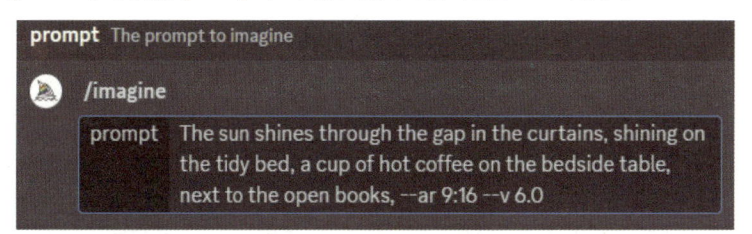

> prompt The prompt to imagine
>
> /imagine
>
> prompt The sun shines through the gap in the curtains, shining on the tidy bed, a cup of hot coffee on the bedside table, next to the open books, --ar 9:16 --v 6.0

图3-3

步骤 2

在生成的 4 张图像中，选择最喜欢的一张（U1）保存，如图 3-4 所示。重复以上步骤，可以分别得到 4 段提示词对应的图像。

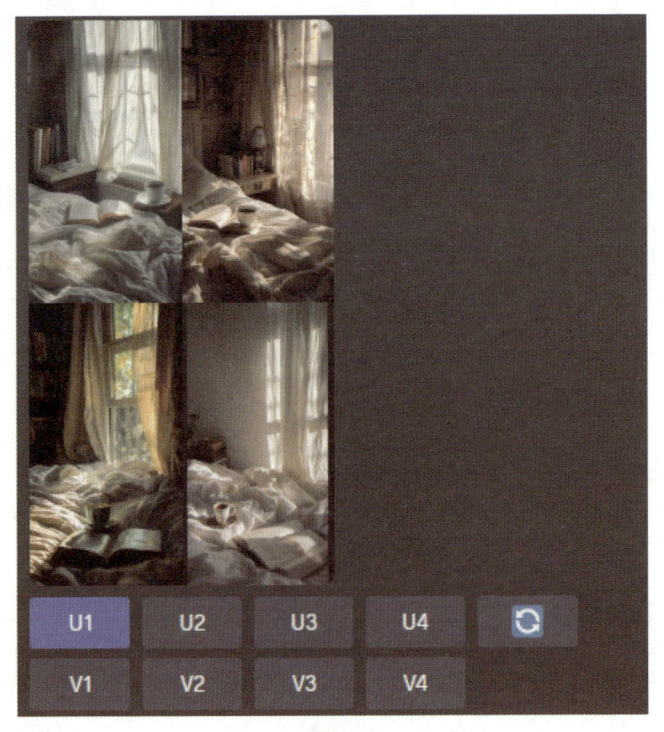

图3-4

3. 制作视频

在制作视频的过程中，创作者可以通过剪辑和滤镜传递出积极向上、自律励志的生活态度，从而鼓励观众努力让自己的生活变得更好。

步骤 1

打开 Stable Video，选择图生视频模式，导入保存的图像，完成后保存生成好的视频，如图 3-5 所示。重复以上步骤，可以分别得到 4 张图像对应的视频。

第 3 章 视频创作

图3-5

步骤 2

打开剪映,将所有生成好的视频添加到轨道中。选择播放器板块,将比例调整为 9:16,如图 3-6 所示。

图3-6

123

步骤 3

选择文本板块，单击"新建文本"按钮，依次输入画面对应的内容。选中文本轨道，选择"加粗""斜体"样式，其余设置保持默认，如图3-7所示。设置完成后调整文字在画面中的位置。

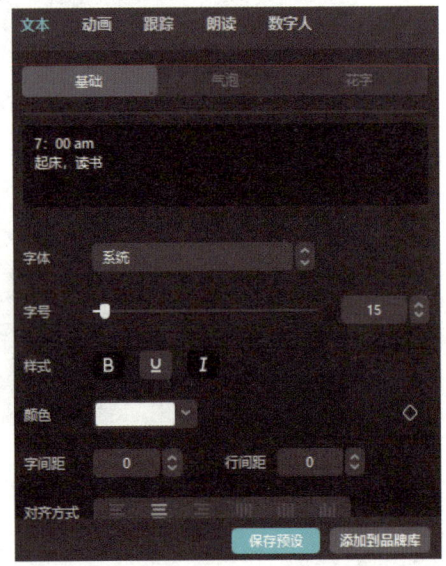

图3-7

步骤 4

打开滤镜库，添加合适的滤镜，与视频文件对齐。再添加喜欢的音频。完成后单击右上方的"导出"按钮，根据需要进行设置。最终效果如图3-8所示。

图3-8

第 3 章 视频创作

3.2 制作古诗词动态视频

古诗词动态视频是一种结合古诗词内容与动态视觉效果的创意视频形式。它通过动画、绘图、配音等手段，将古诗词中的意境、情感和画面生动地呈现出来，使观众在欣赏视频的同时，能够更深入地理解和感受古诗词的魅力。AI技术可以辅助创作者根据古诗词生成动态视频。

- 平台：抖音、小红书
- 工具：DeepSeek、Midjourney、Stable Video、剪映
- 方式：流量视频变现、抖音变现、小红书变现

案例展示

案例实操

古诗词动态视频是一种创新而富有魅力的视频形式。随着短视频平台的兴起，古诗词动态视频得以在更广泛的范围内传播和分享。

下面将详细讲解制作古诗词动态视频的过程。

1. 获取提示词内容

为了将古诗词中的意境转化为视觉画面，首先需要将诗句转化为绘图提示词。这些提示词有助于 AI 工具理解并绘制出符合诗句意境的画面。

打开 DeepSeek，在对话框中直接输入指令，例如"请根据《夜雨寄北》的四句诗，描述四个不同的电影分镜，需要远、中、近及特写镜头，尽可能流畅。"如图 3-9 所示。

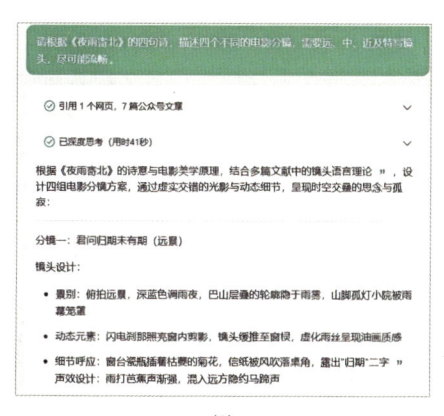

(1)

图3-9

125

分镜二：巴山夜雨涨秋池（中景）

镜头设计：
- 景别：固定中景，微仰视角拍摄半开格棂窗，雨水泊瓦当连成珠帘
- 光影处理：烛光在积水倒影中破碎摇曳，池面浮萍随涟漪撞向青石阶
- 符号隐喻：水中倒映的残破纸鸢（暗示归途受阻），池边石缝新生藓类（象征希望）"
- 运镜技巧：镜头随浮萍漂移，自然过渡至屋内书案

分镜三：何当共剪西窗烛（近景）

镜头设计：
- 景别：浅焦近景，暖黄色调，双人剪影投射在宣纸屏风
- 动作设计：女子纤手剪烛芯特写，烛花爆裂瞬间，光晕染红指尖玉戒
- 时空折叠：屏风水墨渐变为巴山雨景，现实烛光与想象雨丝在纱幔上交叠
- 道具隐喻：案头双鱼玉佩（呼应"双鲤"传书意象），半幅未完的《潇湘雨意图》

(2)

分镜四：却话巴山夜雨时（特写）

镜头设计：
- 景别：大特写推移轴，烛泪凝固成琥珀状，内部封存雨滴下坠的慢动作
- 虚实转换：泪珠中折射出两个时空——现实独坐的诗人与想象中妻子梳镜前的侧影
- 色彩叙事：冷调雨丝穿透暖调烛光，在砚台墨汁表面形成星芒效果 "
- 声音蒙太奇：雨声渐响，混入剪刀轻磕声与女子轻笑，最终归于烛芯爆裂声

(3)

图3-9（续）

2. 制作图像

根据生成的绘图提示词，可以使用 AI 绘画工具绘制出相应的画面。

步骤 1

将 DeepSeek 生成的分镜提示词翻译成英语。打开 Midjourney，在界面下方的文本框内输入英文符号"/"，并选择"/imagine"命令，在"/imagine"命令后的 prompt 栏中输入提示词，如图 3-10 所示。

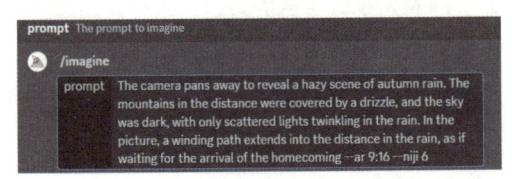

图3-10

步骤 2

在生成的 4 张图像中，选择最喜欢的一张（U4）保存，如图 3-11 所示。重复以上步骤，可以分别得到 4 句诗词对应的图像。

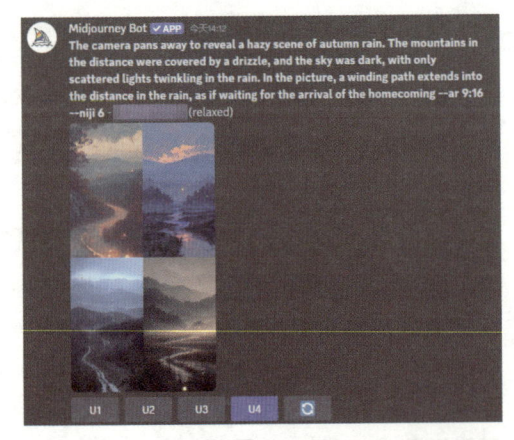

图3-11

3. 制作视频

将绘制好的画面配上字幕和音效，就能合成一个完整的视频。此外，根据需要对视频进行剪辑、添加特效、调整节奏等，能使视频更加生动有趣。

步骤 1

打开 Stable Video，选择图生视频模式，导入保存的图像，完成后保存生成好的视频，如图 3-12 所示。重复以上步骤，可以分别得到 4 张图像对应的视频。

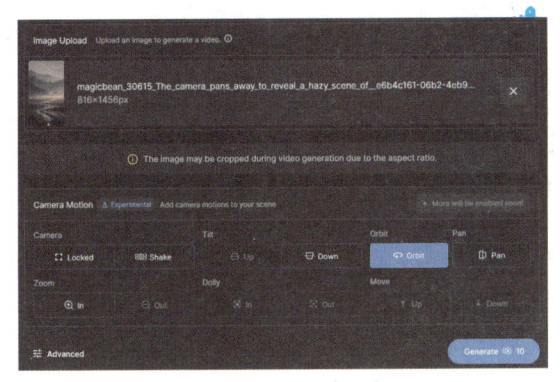

图3-12

步骤 2

打开剪映，将所有生成好的视频添加到轨道中。选择播放器板块，将比例调整为 9:16，如图 3-13 所示。

步骤 3

切换到文本板块，单击"新建文本"按钮，依次输入古诗主标题内容。选中文本轨道，选择"加粗""斜体"样式，其余设置保持默认，如图 3-14 所示。设置完成后调整文字在画面中的位置。

图3-13

图3-14

步骤 4

将播放指针滑动至两个画面的分割处,切换到转场板块,单击"叠化"效果,并添加到轨道,使其与视频轨道对齐,如图3-15和图3-16所示。重复以上步骤,使用同样的方法为剩余画面分割处制作同样的效果。

图3-15

图3-16

步骤 5

打开滤镜库,添加合适的滤镜,与视频文件对齐。再添加喜欢的音频,与视频文件对齐。完成后单击右上方的"导出"按钮,根据需要进行设置。最终效果如图3-17所示。

第 3 章 视频创作

图3-17

3.3 制作小说推文短视频

小说推文短视频是指通过短视频平台将特定的小说内容进行推广的一种视频形式。AI技术可以辅助视频的生成，从而展现小说的精彩片段或引人入胜的故事情节。

- 平台：抖音、小红书、快手
- 工具：DeepSeek、Midjourney、Stable Video、剪映
- 方式：流量视频变现、抖音变现、小红书变现

案例实操

通过剪辑、配音、字幕等手段，小说推文短视频可以将小说的精彩片段或故事情节进行呈现，以吸引用户的关注、激发用户的兴趣，进而引导他们去阅读或关注相关的平台。

下面将详细讲解制作小说推文短视频的过程。

129

1. 获取文案内容

为了吸引用户，小说推文短视频会精心创作精彩片段、高潮部分或引人入胜的开头，以激发用户兴趣。

打开 DeepSeek，在页面中间的对话框中输入指令，例如"我现在需要制作一章小说推文的短视频，请你作为一位武侠小说作者，为我写一节武侠小说，片断要求是精彩的高潮片断。"如图 3-18 所示。

> 我现在需要制作一章小说推文的短视频，请你作为一位武侠小说作者，为我写一节武侠小说，片段要求是简短但精彩的高潮片段。

正文：
沈青崖的断剑抵在青砖上，血水混着雨水从剑锋淌成蜿蜒赤蛇。他瞥见供桌下露出的半截杏黄衣角——那是重伤昏迷的小师妹。

"交出《天工谱》，留你师妹全尸。"燕九娘足尖轻点烛台，火苗"噌"地窜高三寸，映亮她面纱下蜿蜒的刀痕，"三年前你断我容颜，今日该还债了。"

话音未落，峨眉刺已穿透雨幕。沈青崖旋身避让，断剑格住毒刺时爆出火星，却见九娘袖中寒光乍现——第二柄刺直取咽喉！

"叮！"
庙角忽起裂帛琴音，老匿子枯指猛扫七弦。琴匣炸开，十二枚透骨钉裹挟着《广陵散》的杀伐之音破空而来。九娘急退三步，毒刺纹碎七枚铁钉，仍有五枚钉入梁柱，摆出北斗阵型。

"谢前辈！"沈青崖借机剑指供桌，断刃竟吸起满地铜钱，"但这是沈某的债——"
铜钱暴雨般激射，九娘挥刺格挡的刹那，青崖左手暗扣的庙瓦碎片已嵌入她右膝。女子闷哼跪地时，断剑寒锋抵住咽喉。

图3-18

2. 制作图像

根据 DeepSeek 生成的小说内容，可以使用 AI 绘画工具绘制出相应的画面配图。

步骤 1

打开 Midjourney，在界面下方的文本框内输入英文符号"/"，并选择"/imagine"命令，在"/imagine"命令后的 prompt 栏中输入提示词，如图 3-19 所示。

> prompt The prompt to imagine
> /imagine
> prompt Chinese ancient style handsome man,frontal close-up,facial close-up,black long hair,wearing ancient Chinese red clothes, red petals flying in the air, delicate facial features,details painting,fantasy art,animation aesthetics, HD 8k --ar 9:16 --niji 6

图3-19

步骤 2

在生成的4张图像中，选择最喜欢的一张（U1）保存，如图3-20所示。重复以上步骤，可以分别得到更多的图像。

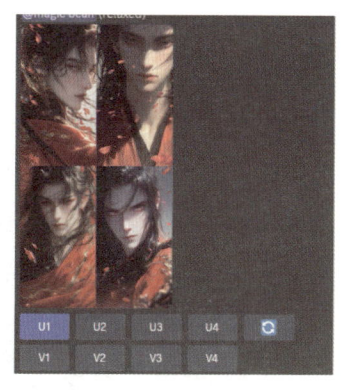

图3-20

3. 制作视频

小说推文短视频的时长通常会控制在5分钟以内，以适应短视频平台用户的观看习惯。这样的时长设置有助于快速抓住用户的注意力，并在短时间内传递足够的信息。

步骤 1

打开Stable Video，选择图生视频模式，导入保存的图像，完成后保存生成好的视频，如图3-21所示。重复以上步骤，可以分别得到4张图像对应的视频。

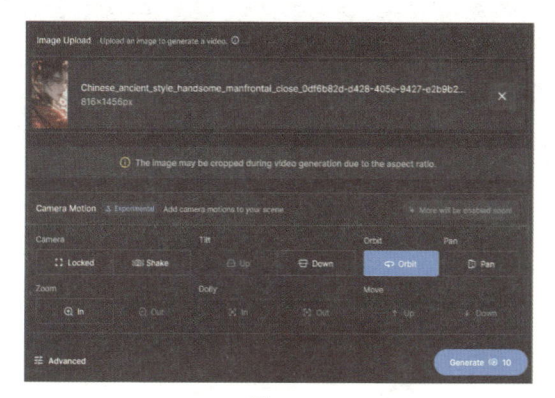

图3-21

步骤 2

打开剪映,在首页板块中单击"图文成片"按钮,视频时长选择"1分钟左右",如图 3-22 所示。

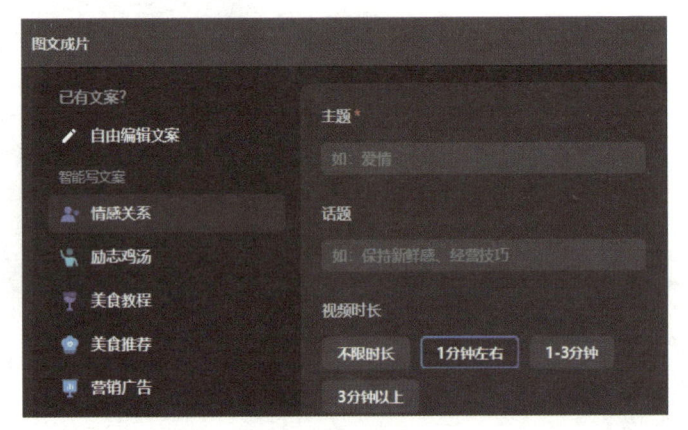

图3-22

步骤 3

单击左上角的"自由编辑文案"选项,输入准备的文案,选择合适的音频,此案例中音频选择"解说小帅"选项,单击"生成视频"按钮,如图 3-23 所示。成片方式选择"使用本地素材"选项,如图 3-24 所示。

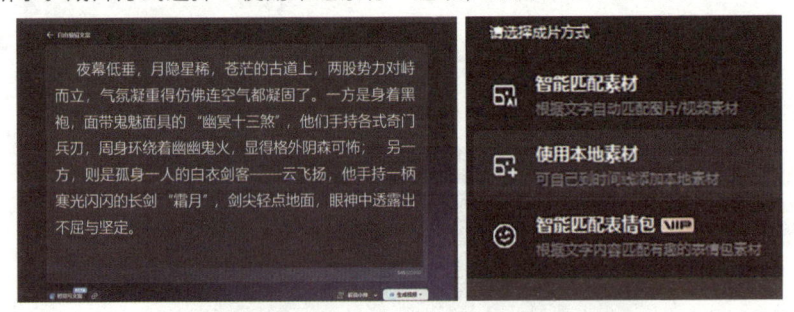

图3-23 　　　　　　　　　　图3-24

步骤 4

检查自动生成朗读的时长、顺序、文本是否有误。确认无误后,导入事先准备好的视频素材并添加到轨道中,选择播放器板块,将比例调整为 9:16,如图 3-25 所示。

第 3 章 视频创作

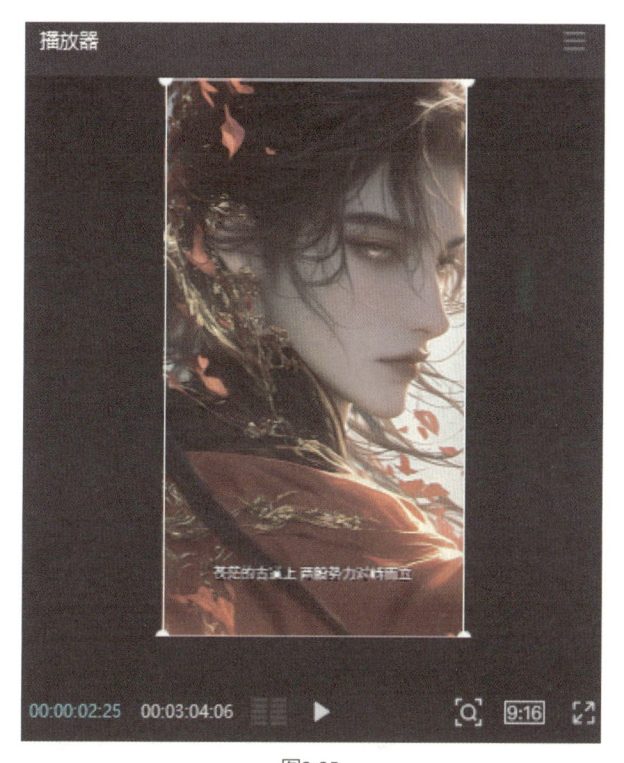

图3-25

步骤 5

添加"变速"功能,使文字、音频和视频画面三者对齐,如图 3-26 所示。

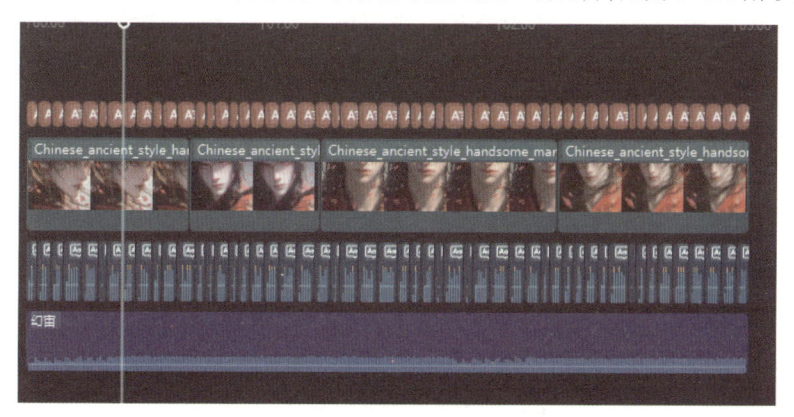

图3-26

133

步骤 6

选中文本轨道,在"文本"面板中将字号调整为 13,如图 3-27 所示。完成后将文字调整至视频画面中合适的位置。

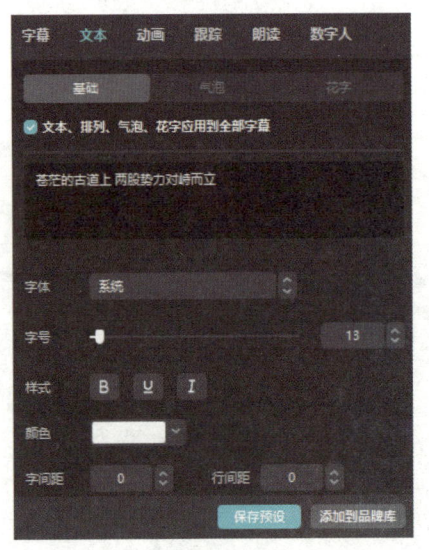

图3-27

步骤 7

在视频轨道的起始位置处单击"封面"按钮,在"封面设计"面板中,拖动时间帧,选取合适的封面图片,单击"去编辑"按钮,为封面图片添加合适的模板与文本,完成后单击"完成设置"按钮,如图 3-28 所示。

图3-28

步骤 8

完成后单击右上方的"导出"按钮,根据需要进行设置。最终效果如图 3-29 所示。

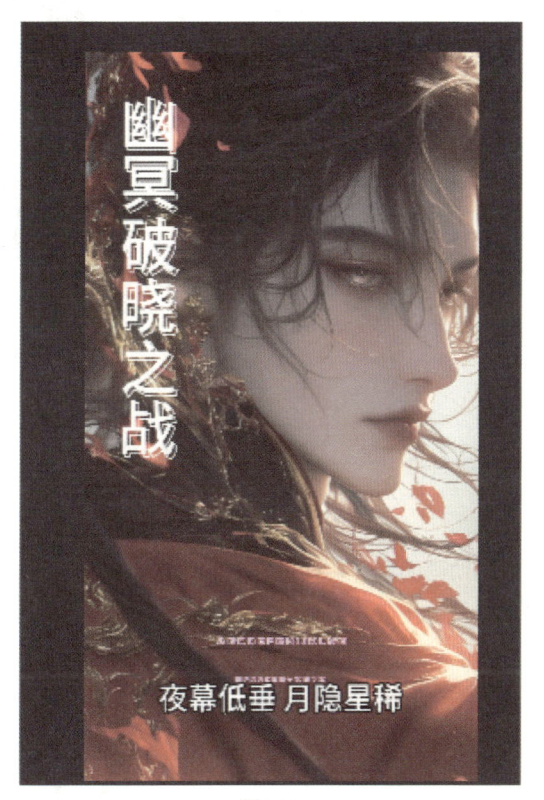

图3-29

3.4 制作神话故事短视频

神话故事是文化和历史的重要组成部分,通过将神话故事和短视频相结合的方式,可以更好地保护和传承文化遗产。AI技术可以帮助创作者进行神话故事短视频的制作。

- 平台：抖音、小红书
- 工具：Kimi AI、Midjourney、Stable Video、剪映
- 方式：流量视频变现、抖音变现、小红书变现

案例展示

神话故事系列《嫘祖养蚕》

案例实操

神话故事中充满了奇幻元素和超自然现象，AI技术可以辅助设计神话故事中常见的主题和元素。

下面将详细讲解制作神话故事短视频的过程。

1. 制作文案及图像

AI技术可以辅助画面制作，通过深度学习技术生成流畅的图像效果。

步骤 1

打开 Kimi AI，在对话框中直接输入指令，例如"请你根据嫦娥奔月的神话故事，制作出一个大约10S的短视频脚本，要求每个场景中有英文提示词。"如图3-30所示。

图3-30

步骤 2

打开 Midjourney，在界面下方的文本框内输入英文符号"/"，并选择"/imagine"命令，在"/imagine"命令后的prompt栏中输入提示词，如图3-31所示。

图3-31

步骤 3

在生成的 4 张图像中，选择最喜欢的一张（U2）保存，如图 3-32 所示。重复以上步骤，可以分别得到不同的图像。

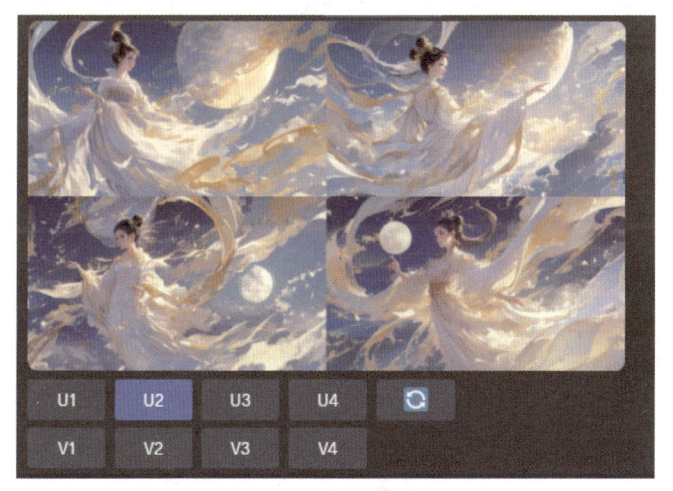

图3-32

2. 制作视频

神话故事为艺术创作提供了丰富的素材和灵感，可以被改编成各种艺术形式，如短视频等。

步骤 1

打开 Stable Video，选择图生视频模式，导入保存的图像，完成后保存生成好的视频，如图 3-33 所示。重复以上步骤，可以分别得到 4 张图像对应的视频。

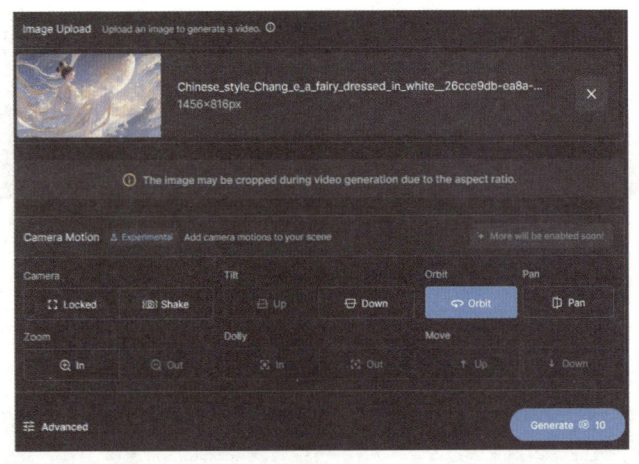

图3-33

步骤 2

打开剪映，在首页板块中单击"图文成片"按钮，视频时长选择"1 分钟左右"，如图 3-34 所示。

图3-34

步骤 3

单击左上角的"自由编辑文案"选项,输入准备的文案,选择合适的音频,此案例中音频选择"古风男主"选项,单击"生成视频"按钮,如图 3-35 所示。成片方式选择"使用本地素材"选项,如图 3-36 所示。

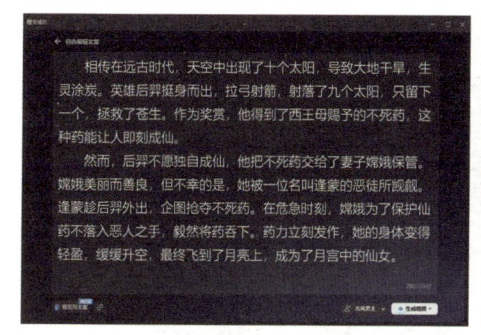

图3-35

图3-36

步骤 4

检查自动生成朗读的时长、顺序、文本是否有误。确认无误后,导入事先准备好的视频素材并添加到轨道中,添加"变速"功能,使文字、音频和视频画面三者对齐,如图 3-37 所示。

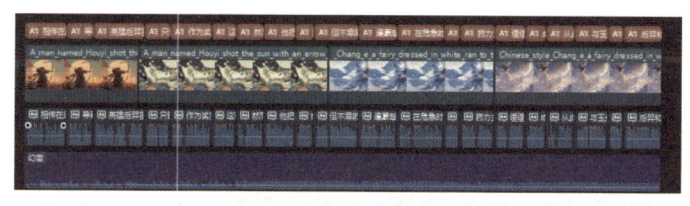

图3-37

步骤 5

选中文本轨道,在"文本"面板中将字号调整为 8,如图 3-38 所示。完成后将文字调整至视频画面中合适的位置。

图3-38

步骤 6

将播放指针滑动至两个画面的分割处，切换到转场板块，单击"叠化"效果，并添加到轨道，使其与视频轨道对齐，如图 3-39 所示。重复以上步骤，使用同样的方法为剩余画面分割处制作同样的效果。

图3-39

步骤 7

在视频轨道的起始位置处单击"封面"按钮，在"封面设计"面板中，拖动时间帧，选取合适的封面图片，单击"去编辑"按钮，为封面图片添加合适的模板与文本，完成后单击"完成设置"按钮，如图 3-40 所示。

图3-40

步骤 8

完成后单击右上方的"导出"按钮，根据需要进行设置，最终效果如图 3-41 所示。

图3-41

锦囊妙计

用 Kimi AI 生成文案后，可以对文案进行适当的调整后，再用后期进行配音。

3.5 制作治愈家居视频

治愈家居视频通常是指能够给观众带来放松、舒适和愉悦感的家居装饰或生活方式类视频。这类视频不仅能够为人们提供视觉上的享受，还能够在快节奏的生活中为人们提供一种心灵的慰藉。AI技术可以在提高制作效率的同时，增加视频的创意和个性化。

案例展示

- 平台：抖音、小红书
- 工具：Midjourney、Photoshop、剪映
- 方式：流量视频变现、抖音变现、小红书变现

案例实操

AI技术能够分析和学习特定的家居风格,然后通过模仿这些风格来设计新的家居场景。

下面将详细讲解制作治愈家居视频的过程。

1. 制作并处理图像

利用AI技术,可以辅助生成逼真的家居环境图像,包括家具、装饰品、室内布局等。

步骤 1

打开Midjourney,在界面下方的文本框中输入英文符号"/",并选择"/imagine"命令,在"/imagine"命令后的prompt栏中输入提示词,如图3-42所示。

图3-42

步骤 2

在生成的4张图像中,选择最喜欢的一张(U4)保存,如图3-43所示。

步骤 3

将保存的图像导入Photoshop中,抠出窗外的景色并填充成绿色,即需要添加动态效果的区域,将绿幕图像存为副本,如图3-44所示。

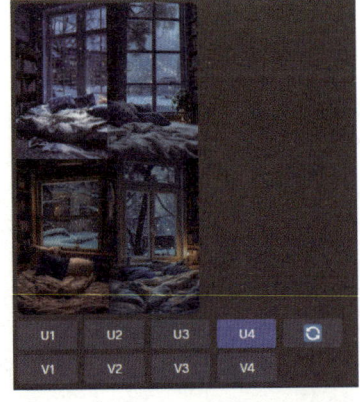

图3-43

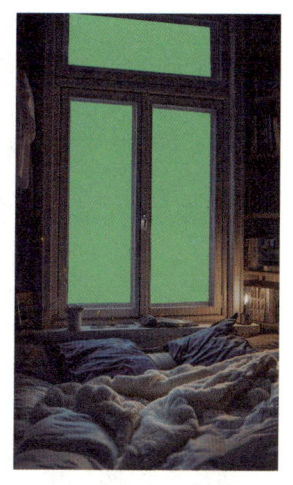

图3-44

2. 制作视频

在 AI 技术生成的图像基础上,可以进一步编辑视频,调整节奏、剪辑和添加过渡效果,以创造流畅和舒适的观看体验。

步骤 1。

打开剪映,分别导入原图像与绿幕图像并添加到轨道中,如图 3-45 所示。

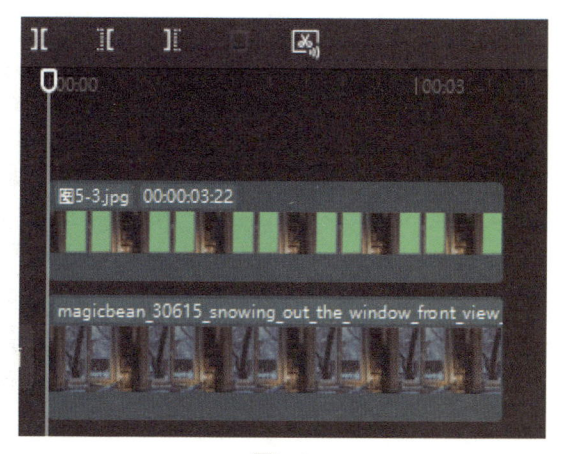

图3-45

143

步骤 2

选中绿幕轨道,打开画面板块,勾选"抠像"中的"色度抠图",用取色器先吸取画面中的绿色,再调节强度,直至绿色完全消失,如图 3-46 所示。

图3-46

步骤 3

打开素材库,搜索"雪花绿幕",如图 3-47 所示,选择合适的绿幕,添加到轨道中。

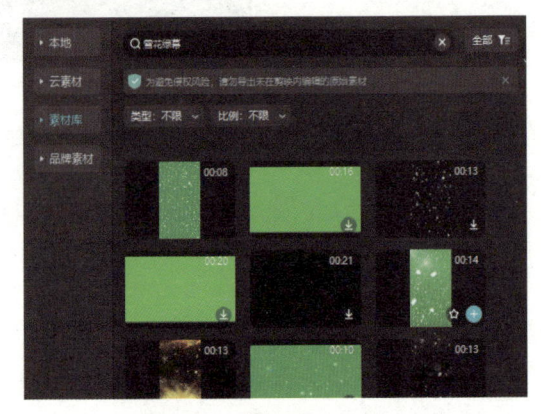

图3-47

步骤 4

打开"变速"面板,调节雪花飘落的速度,如图 3-48 所示。

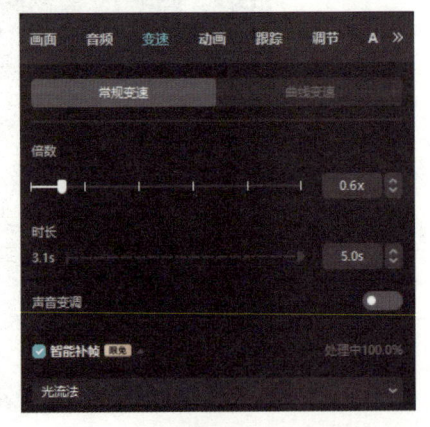

图3-48

第 3 章 视频创作

步骤 5

单击菜单栏中的"音频"按钮,在搜索框中输入"舒缓",试听并选择合适的音乐,下载并添加到轨道中,调整音乐轨道,使其与视频轨道对齐,如图 3-49 所示。

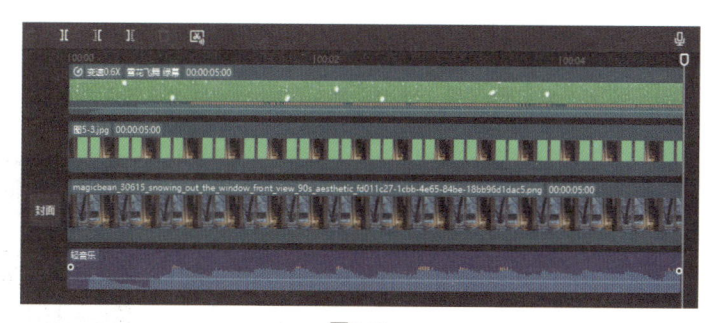

图3-49

步骤 6

选择播放器板块,将比例调整为 9:16。打开滤镜库,添加合适的滤镜。完成后单击右上方的"导出"按钮,根据需要进行设置。最终效果如图 3-50 所示。

图3-50

145

3.6 制作虚拟数字人直播视频

虚拟数字人直播是一种新兴的直播形式，它利用 AI 虚拟数字人技术，让虚拟数字人在虚拟场景中进行直播，为观众带来全新的娱乐方式和沉浸式体验。

- 平台：抖音、小红书
- 工具：文心一言、腾讯智影
- 方式：流量视频变现、抖音变现、小红书变现

案例展示

案例实操

虚拟数字人直播是一种通过特定的 AI 技术手段将数字人呈现，并通过网络平台进行直播的形式。这些虚拟数字人可以是虚拟偶像、虚拟主播、虚拟歌手等，它们以自己独特的形象、才艺和互动方式吸引观众。

下面将详细讲解制作虚拟数字人直播视频的过程。

1. 生成直播文案

直播文案是观众直播接触的内容。一个吸引人的标题或开场白能够迅速抓住观众的眼球，激发他们的好奇心，进而点击观看。

打开文心一言，在对话框内输入直播主题，例如"现请你作为一位直播博主，正在进行直播售卖护手霜，需要你创作一篇关于该护手霜的分享介绍文案，要求时长在 1 分钟以内。"生成的部分直播文案如图 3-51 所示。

图3-51

2. 制作直播视频

确定直播文案后,就可以制作直播视频了,虚拟数字人直播是一种充满潜力和创新的直播形式,它可以为观众带来更加沉浸式和多样化的娱乐体验。

步骤 1

打开腾讯智影,选择"数字人播报"面板,选择"预置形象",并将画面比例调整为 9:16,如图 3-52 所示。

图3-52

步骤 2

单击背景板块,选择符合直播主题的背景,或根据自身需求选择"自定义"背景。完成后将数字人调整至合适大小,如图 3-53 所示。

图3-53

步骤 3

打开"播报内容"面板,填写播报内容,如图3-54所示。完成后选择"字幕样式"面板,选择合适的字体和字号,将对齐方式调整为居中对齐,其余设置默认,如图3-55所示。

图3-54

图3-55

步骤 4

选择文字板块,选择合适的文字模板,添加文字内容,如图3-56所示。

图3-56

步骤 5

单击右上角的"合成视频"按钮,等待合成。合成后单击右上角的"下载"按钮,即可保存制作的视频。最终效果如图 3-57 所示。

图3-57

3.7 制作虚拟数字人讲课视频

虚拟数字人讲课是一种新兴的教学模式,它利用 AI 技术,结合语音识别、自然语言处理等技术手段,以实现教学内容的呈现、互动与反馈。

平台:抖音、小红书
工具:文心一言、有言网站
方式:流量视频变现、抖音变现、小红书变现

> 案例实操

> 案例展示

虚拟数字人讲课是指通过具有教学功能的 AI 机器人，来辅助或替代传统教师进行教学活动。这些 AI 机器人能够根据学生的学习需求和学习进度，提供个性化的教学服务，包括知识讲解、答疑解惑、互动练习等。

下面将详细讲解模拟制作数字人讲课视频的过程。

1. 生成教学视频的文案

教学视频的文案需要根据教学视频的主题、目标受众以及想要传达的知识信息来定制。

打开文心一言，在对话框内输入教学主题，例如"现在请你作为一位博主，正在制作一个关于简单物理小知识的分享视频，需要你创作一篇关于该物理小知识的分享介绍文案，要求视频时长在 1 分钟以内。"生成的教学视频文案如图 3-58 所示。

图3-58

150

2. 制作教学视频

在完成教学视频文案的制作后,就可以开始制作教学视频了。

步骤 1

打开有言网站,选择符合视频行业和应用场景的模板,单击"创作同款"按钮,如图 3-59 所示。随后将自动进入同款视频编辑页面。

图3-59

步骤 2

切换到场景板块,选择合适的背景,如图 3-60 所示。切换到人物板块,选择合适的人物形象,如图 3-61 所示。

图3-60

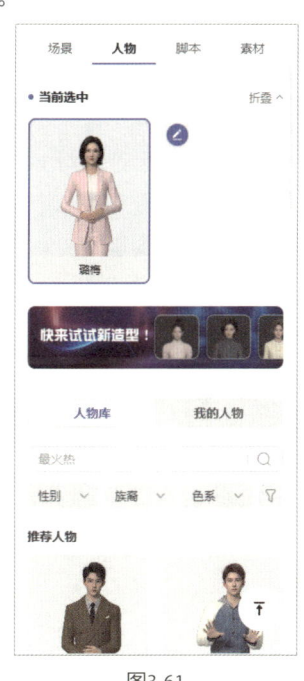

图3-61

步骤 3

切换到素材板块,单击"上传素材"按钮,上传备好的视频素材,输入脚本文案。在脚本文案中点击想要停顿的位置,单击上方的"停顿"按钮,

添加合适的停顿时长，除此之外，还可以根据需求增加动作等，如图 3-62
所示。

图3-62

步骤 4

单击"试听"图标可以对脚本进行试听。单击脚本文案框右侧的头像
旁的下拉按钮，即可根据需求选择合适的音色，如图 3-63 所示。确定音
色后，单击"应用"按钮。

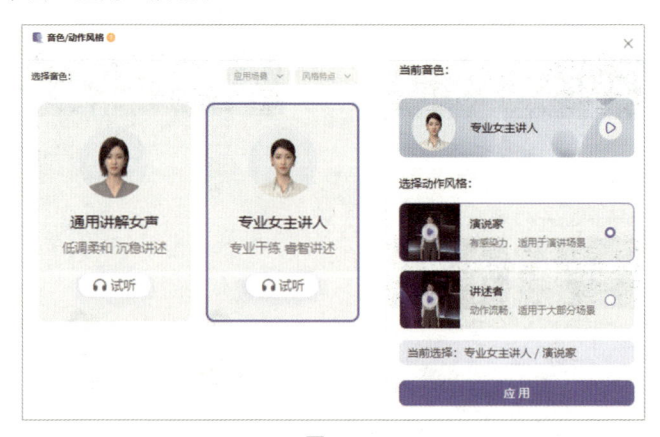

图3-63

步骤 5

选择不同的分镜，单击"替换素材"按钮，即可对画面中的图片和视
频进行替换，如图 3-64 所示。

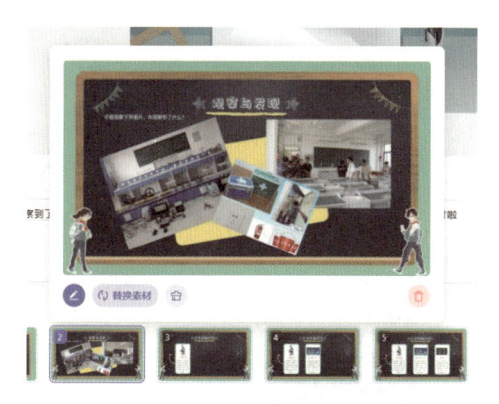

图3-64

步骤 6

单击"3D生成"按钮,即可将视频进行渲染并预览视频效果。完成后选择视频包装功能,选中文案轨道,检查字幕顺序,并将字幕缩放至大小合适的位置,如图 3-65 所示。

图3-65

步骤 7

切换到片头片尾板块,选择合适的片头片尾,如图 3-66 所示。完成后单击"保存"按钮,备份视频。

图3-66

步骤 8

视频包装完成后,单击视频编辑页面右上角的"导出"按钮,设置所需参数,单击"确认"按钮,等待导出,如图3-67所示。

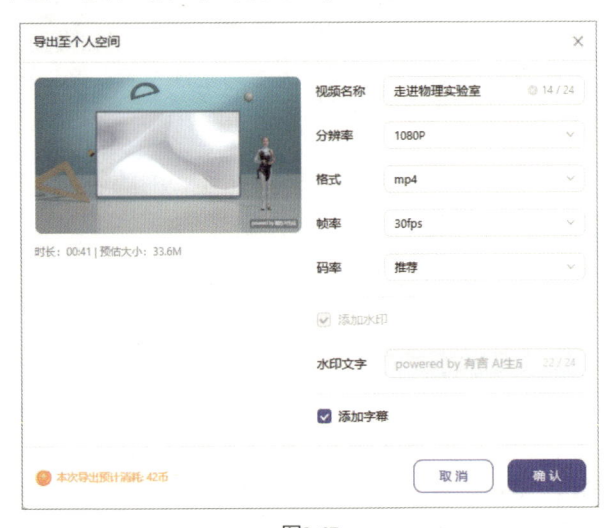

图3-67

第 3 章 · 视频创作

3.8 制作美食短视频

利用 AI 的算法、数据处理能力以及自动化工具，可以创作、编辑和优化关于美食制作或品尝的短视频内容。

- 平台：抖音、小红书
- 工具：Midjourney、剪映
- 方式：流量视频变现、抖音变现、小红书变现

案例展示

案例实操

AI 工具可以根据用户偏好、热门趋势或特定主题（如健康饮食、地方特色美食等）自动生成视频内容的图片及大纲脚本。

下面将详细讲解制作美食短视频的过程。

1. 制作图像

在美食短视频的制作中，使用 AI 绘画工具可以创建美食的高清图片、烹饪过程的动画演示或虚拟厨师的人物形象。

步骤 1

打开 Midjourney，在界面下方的文本框内输入英文符号"/"，并选择"/imagine"命令，在"/imagine"命令后的 prompt 栏中输入提示词，如图 3-68 所示。

```
prompt  The prompt to imagine
    /imagine
    prompt  A photo of some delicious food on a table, including mochi cake and potato chips with
    guacamole sauce, green tea ice cream with strawberry decoration in an open glass
    cup, a piece of white chocolate cheese cake with mint leaves on top, two glasses filled
    with coffee, one spoon resting next to it, all arranged beautifully on plates, the
    background is a light beige wall with several decorative items scattered around, taken
    in the style of Canon EOS R5 mirrorless camera, --ar 9:16
```

图3-68

155

步骤 2

在生成的 4 张图像中，选择最喜欢的一张（U4）保存，如图 3-69 所示。重复以上步骤，可以分别得到不同的美食图像。

图3-69

2. 制作视频

在完成美食图片的制作后，即可开始制作美食视频，进行剪辑、调色、添加特效和字幕等操作。

步骤 1

打开剪映，进入模板页面，在搜索栏中输入"美食"，选择合适的模板，如图 3-70 所示。单击模板上的"解锁草稿"按钮，进入模板编辑页面。

图3-70

步骤 2

导入所有素材并添加到轨道中，在播放器板块将画布比例设置为 9:16，如图 3-71 所示。

图3-71

步骤 3

对视频进行变速，将视频画面与音乐、滤镜和字幕等协调对应，如图 3-72 所示。

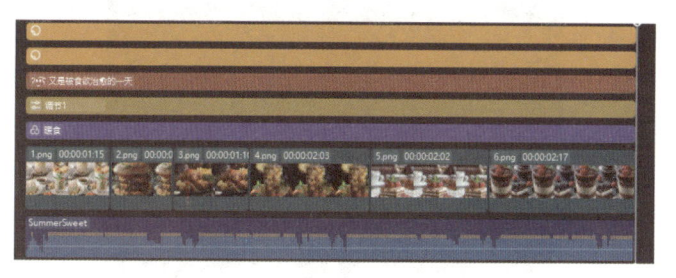

图3-72

步骤 4

切换到文本板块，修改模板中的文字。选中文本轨道，自行设置样式，如图 3-73 所示，完成后调整文字在画面中的位置。

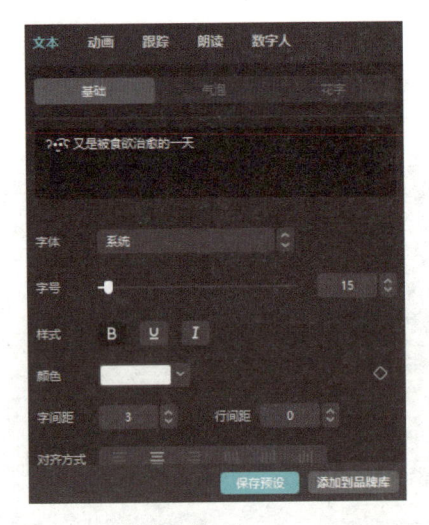

图3-73

步骤 5

打开滤镜库，添加喜欢的滤镜，并与视频文件对齐。完成后单击右上方的"导出"按钮，根据需要进行设置。最终效果如图3-74所示。

图3-74

3.9 制作治愈风景短片

治愈风景短片通常聚焦于宁静的自然风光、温馨的人文场景等，它可以触动人心、传递情感，给人带来宁静与舒适之感，同时治愈疲惫的心灵。而 AI 技术可以辅助创作者构思短片的主题、情感基调和想要传达的画面感。

- 平台：抖音、小红书
- 工具：Midjourney、剪映
- 方式：流量视频变现、抖音变现、小红书变现

案例展示

案例实操

利用 AI 技术，即使足不出户也可生成清晰、自然的画面素材，并进行色彩校正或去噪等处理。

下面将详细讲解制作治愈风景短片的过程。

1. 制作图像

根据提示词和基本的参数或描述，AI 工具可以生成相应的风景图像。

步骤 1

打开 Midjourney，在界面下方的文本框内输入英文符号"/"，并选择"/imagine"命令，在"/imagine"命令后的 prompt 栏中输入提示词，如图 3-75 所示。

图3-75

步骤 2

在生成的 4 张图像中,选择最喜欢的一张(U2)保存,如图 3-76 所示。重复以上步骤,可以分别得到不同的风景图像。

图3-76

2. 制作视频

完成风景图片的制作后,将绘制好的画面配上字幕和滤镜等,即可生成想要的风景视频。

步骤 1

打开剪映,进入模板页面,在搜索栏中输入"风景",选择合适的模板,如图 3-77 所示。单击模版上的"解锁草稿"按钮,进入模板编辑页面。

图3-77

步骤 2

导入所有备好的视频素材，选择播放器板块，将画布比例设置为 9:16。依次替换画面，并进行变速处理，使视频画面与音乐节奏对应，如图 3-78 所示。

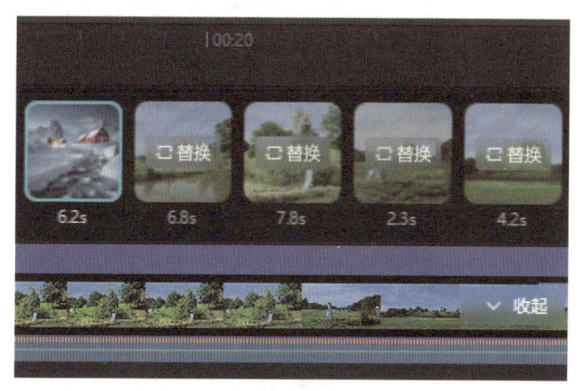

图3-78

步骤 3

切换到文本板块，添加与画面对应的文字说明。选中文本轨道，自行设置样式，如图 3-79 所示，完成后调整文字在画面中的位置。

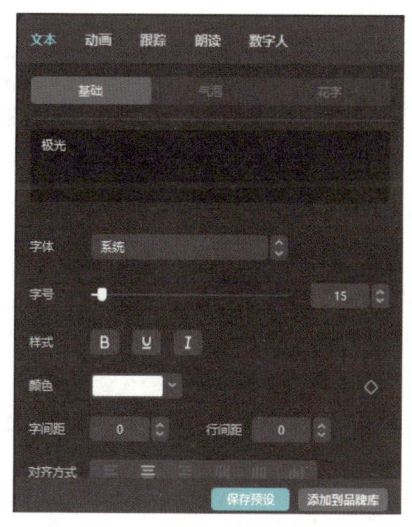

图3-79

步骤 4

打开滤镜库，添加"风景 1 - 晴空"滤镜，如图 3-80 所示。添加后将滤镜的调节轨道与视频文件对齐。

图3-80

步骤 5

自行添加喜欢的音频文件，完成后单击右上方的"导出"按钮，根据需要进行设置。最终效果如图3-81所示。

图3-81

3.10 制作宠物办公短视频

宠物视频是指与宠物相关的视频内容，展示宠物的日常生活、行为习惯以及与人类的互动等。AI技术可以通过智能图像处理，以拟人化的方式展示萌宠与平时不同的一面。

- 平台：抖音、小红书
- 工具：Midjourney、Runway、剪映
- 方式：流量视频变现、抖音变现、小红书变现

案例展示

案例实操

宠物视频不仅满足了人们的精神需求，还促进了宠物文化的传播和发展。通过观看宠物视频，人们可以更加了解宠物的习性和特点，增加对宠物的关爱以及增强对宠物的保护意识。利用AI技术，可以生成宠物更多不同的画面素材。

下面将详细讲解制作宠物办公短视频的过程。

1. 制作图像

在制作宠物办公短视频前，首先需要生成相关的萌宠图像。

步骤 1

打开 Midjourney，在界面下方的文本框内输入英文符号"/"，并选择"/imagine"命令，在"/imagine"命令后的 prompt 栏中输入提示词，如图 3-82 所示。

163

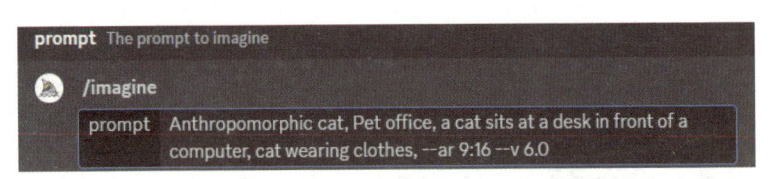

```
prompt  The prompt to imagine
  /imagine
   prompt  Anthropomorphic cat, Pet office, a cat sits at a desk in front of a
           computer, cat wearing clothes, --ar 9:16 --v 6.0
```

图3-82

步骤 2

在生成的 4 张图像中,选择最喜欢的一张(U4)保存,如图 3-83 所示。重复以上步骤,可以分别得到不同的萌宠办公图像。

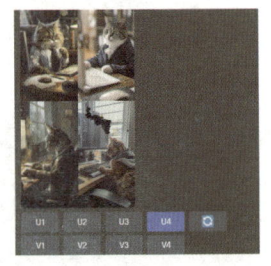

图3-83

2. 制作视频

通过后期的剪辑手段可以将生成的萌宠办公图像制作成对应的视频内容。

步骤 1

打开 Runway,上传图像,设置合适的运动参数和提示词,如图 3-84 和图 3-85 所示。完成后单击下方的"Generate 4s"按钮,等待视频生成。其余图像重复以上步骤,直至所有图像都转化为视频。

图3-84 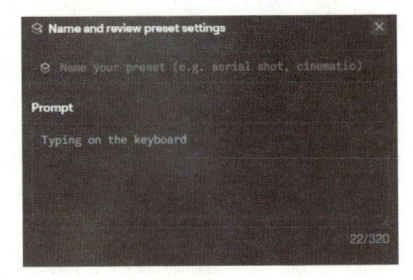　　　　　　　　　　图3-85

步骤 2

打开剪映,导入所有生成好的视频并添加到轨道中,在播放器板块中将画面比例调整为 16:9。完成后单击菜单栏中的"音频"按钮,在搜索框中输入"卡点",下载合适的音乐并添加到轨道中,如图 3-86 所示。再调整音频轨道使其与视频轨道对齐。

第 3 章 视频创作

图3-86

步骤 3

对视频进行变速处理,使画面与音乐节奏卡点对应,如图 3-87 所示。

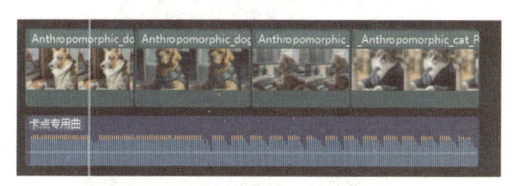

图3-87

步骤 4

打开转场板块,单击"叠化"效果,将其添加到轨道并使其与视频轨道对齐,如图 3-88 所示。

图3-88

步骤 5

打开滤镜库，添加合适的滤镜，对画面风格进行调整，并调节滤镜轨道，使其与视频文件对齐。完成后单击右上方的"导出"按钮，根据需要进行设置。最终效果如图 3-89 所示。

图3-89

第 4 章

音频制作

AI配音技术可以快速生成符合专业标准的音频,而且支持批量处理,从而大幅缩短音频制作的周期。相比传统的录音方法,AI配音技术能够显著提高音频制作的生产效率,使得音频制作更加迅速和高效。

4.1 制作有声绘本

有声绘本是一种结合了绘本内容与声音元素的特殊出版物。AI技术简化了有声绘本的制作过程，从而帮助读者更好地理解故事内容。

- 平台：抖音、小红书
- 工具：百度文库App
- 方式：流量音频变现、抖音变现、小红书变现

案例展示

案例实操

有声绘本通过声音和图像的双重刺激，为读者提供了更加丰富的阅读体验。这种结合不仅有助于吸引读者的注意力，还能帮助他们理解故事内容。

下面将详细讲解制作有声绘本的制作过程。

1. 生成绘本

有声绘本包含的题材十分广泛，创作者可以选择目标读者感兴趣的主题，以满足读者的特定需求。

步骤 1

打开百度文库App，搜索并选择"AI有声画本"，如图4-1所示。

(1)

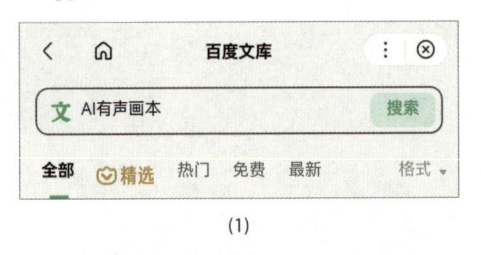

图4-1

第 4 章 音频制作

百度文库VIP限时优惠
现在开通，立享6亿+VIP内容 立即获取

AI有声画本-AI辅助写作
智能助手辅助快速写作专属：AI有声画本
前往定制 >

10W+ 人正在使用 AI辅助

用AI绘画和ChatGPT做AI绘本制…
细节很多,总结下来有几点: 1.儿童绘本赛道虽然很红海但是比较宽 2.电子绘本相比纸质绘本流程较少 所以结合这次的信息获取,我把目标暂定为儿…

106人阅读 4.3分 11页

已精选AI有声画本会员文档382篇

AI绘画作为职业院校创客教育…   AI绘画Prompt - 百度文库.doc   ai绘画创新创业计划书 - 百度…   AI绘画市场报告 - 百度文…

🔒 开通VIP，解锁全部文档 >

(2)

图4-1（续）

步骤 2

在底部对话框中输入想要生成的绘本的主题，例如"帮我做一本有声画本，主题是人鱼公主的陆地奇遇记。"如图 4-2 所示。

169

> 智能助手

帮我做一本有声画本,主题是人鱼公主的陆地奇遇记。

人鱼公主的陆地奇遇记

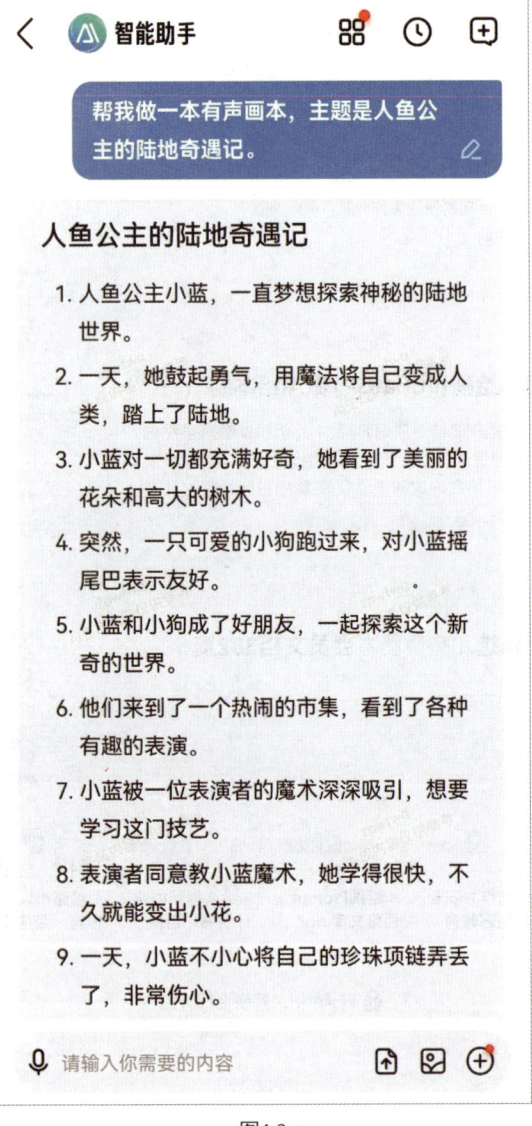

1. 人鱼公主小蓝,一直梦想探索神秘的陆地世界。
2. 一天,她鼓起勇气,用魔法将自己变成人类,踏上了陆地。
3. 小蓝对一切都充满好奇,她看到了美丽的花朵和高大的树木。
4. 突然,一只可爱的小狗跑过来,对小蓝摇尾巴表示友好。
5. 小蓝和小狗成了好朋友,一起探索这个新奇的世界。
6. 他们来到了一个热闹的市集,看到了各种有趣的表演。
7. 小蓝被一位表演者的魔术深深吸引,想要学习这门技艺。
8. 表演者同意教小蓝魔术,她学得很快,不久就能变出小花。
9. 一天,小蓝不小心将自己的珍珠项链弄丢了,非常伤心。

图4-2

步骤 3

点击"制作画本"按钮,如图4-3所示。选择合适的画本风格,再点击"继续生成"按钮,等待绘本生成,如图4-4所示。

第 4 章 音频制作

图4-3

图4-4

步骤 4

生成结果如图 4-5 所示,点击"播放画本"按钮,即可观看视频版画本,系统会自动配音。

图4-5

2. 调整并完善绘本

完成绘本的初步制作后,还可以根据需求进一步调整并完善绘本内容。

点击图4-5中下方的"编辑"按钮,如果有不喜欢的图像,点击图4-6中右上方的"更换图片"按钮,即可进行图像的更换。

图4-6

4.2 制作歌曲

  AI作曲，即利用AI技术来创作音乐作品。近年来，AI作曲在音乐创作领域引起了广泛的关注和应用。AI作曲能够探索并融合各种音乐风格、元素和技巧，从而创造出新颖独特的音乐作品。

- 平台：抖音、小红书
- 工具：天工AI
- 方式：流量音频变现、抖音变现、小红书变现

案例实操

AI工具可以在极短的时间内生成大量的音乐片段或完整的音乐作品。这对于需要快速产出大量音乐内容的场景尤为有用，如广告配乐、游戏音乐、电影背景音乐等。

下面将详细讲解制作歌曲的过程。

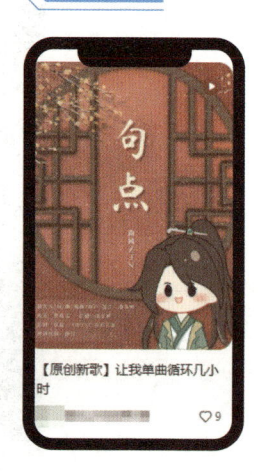

1. 选择参考音频

天工AI可以在参考音频风格的基础上，模仿并生成符合个人需求的音乐作品。

步骤 1

单击天工AI首页左侧边栏中的音乐图标，进入歌曲创作界面，单击"开始写歌"按钮，如图4-7所示。

图4-7

步骤 2

单击图4-8所示的箭头，进入"选择参考歌曲"界面。例如，希望创作一首民谣风歌曲，则选择曲风为"民谣"，选择情绪为"放松"，然后单

第 4 章 音频制作

击下方参考音频的播放按钮可以对参考音频进行试听,如果有符合需求的音频,单击"使用"按钮即可,如图4-9所示。

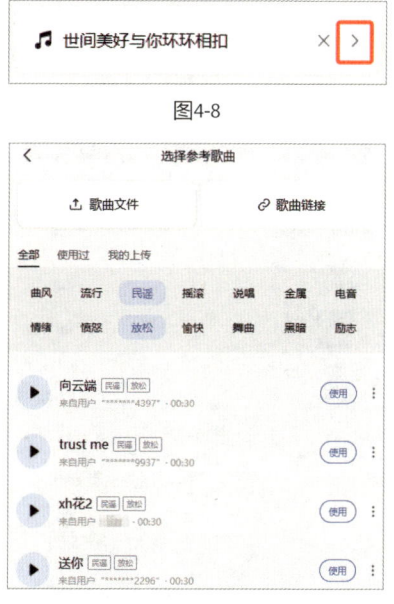

图4-8

图4-9

2. 开始创作

确认好曲风、情绪与参考音频后,即可开始进行歌曲的创作。

步骤 1

单击图4-10所示的"AI写词"按钮,即可生成歌名和歌词。如果对生成的歌词不满意,可以再次单击该按钮重新生成新歌词,同时,也可以根据自己的需求自行修改歌词。

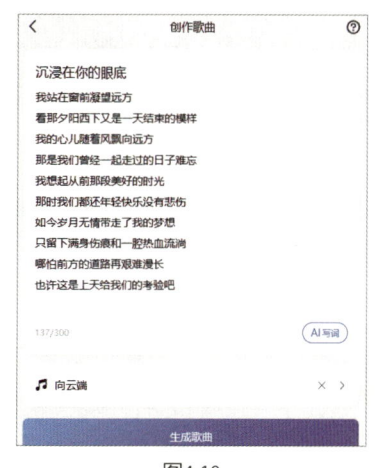

图4-10

175

步骤 2

确认好歌名和歌词后单击"生成歌曲"按钮,等待系统生成歌曲,如图 4-11 所示。完成后可以单击每首歌曲的播放按钮进行试听,如图 4-12 所示。

图4-11

图4-12

4.3 制作影视配乐

制作影视配乐是指在电影、电视剧、纪录片、诗朗诵、话剧等文艺作品中,根据情节的需要和场景的氛围,创作并配上相应的背景音乐或主题音乐。AI技术在配乐创作的过程中能够发挥重要作用。

- 平台:抖音、小红书
- 工具:文心一言、BGM猫
- 方式:流量音频变现、抖音变现、小红书变现

案例展示

> 案例实操

制作影视配乐必须紧密贴合作品的主题和风格，保证配乐与影片或剧目的具体场景情节在情绪上的一致性。

下面将详细讲解制作影视配乐的过程。

1. 生成歌曲描述

在使用 AI 技术对影视剧目进行配乐创作前，首先需要明确该配乐的整体风格。基于画面内容，选择或构思适合的音乐风格，如古典、爵士、摇滚等。

打开文心一言，描述配乐大致所需的画面和风格，生成简短的歌曲描述，如图 4-13 所示。

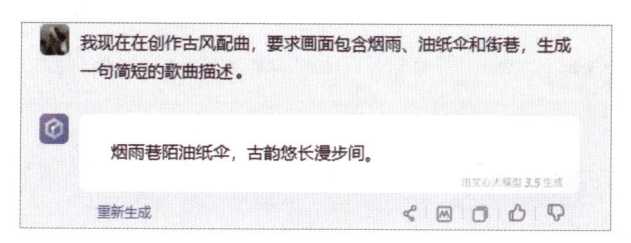

图4-13

2. 开始创作

对画面场景进行细致分析后，即可开始进行配乐的创作。

步骤 1

打开 BGM 猫首页，单击"视频配乐"选项，根据需求输入相应的时长，如图 4-14 所示。

图4-14

步骤 2

在"输入描述"选项中输入在文心一言中生成的提示词,如图4-15所示。

☑ 输入描述　烟雨巷陌油纸伞,古韵悠长漫步间。

图4-15

步骤 3

在"选择标签"中的"风格"栏,单击"古风"选项,如图4-16所示。在"心情"栏,单击"治愈/感动"选项,如图4-17所示。

图4-16

图4-17

步骤 4

生成配乐后,单击播放按钮即可进行试听,单击下载按钮即可下载该配乐,如图4-18所示。

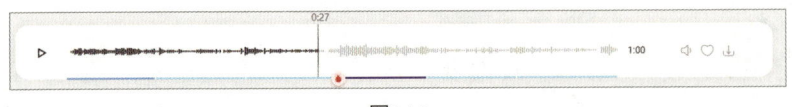

图4-18

4.4 克隆语音

克隆语音是一个利用AI技术，根据一段声音样本，生成与之相似或完全相同的声音的过程。这种技术主要依赖于深度学习模型，通过从声音样本中提取声音特征，然后根据目标文本或音频，合成新的语音。

案例展示

- 平台：抖音、小红书
- 工具：REECHO睿声
- 方式：流量音频变现、抖音变现、小红书变现

案例实操

语音克隆技术依托于AI技术和深度学习，特别是语音合成和语音识别技术的有机结合。

下面将详细讲解克隆语音的过程。

1. 添加角色

克隆语音首先需要对原始声音样本进行分析，提取出独特的语音特征，如音调、音色、语速等。

步骤 1

打开REECHO睿声，选择"角色管理"栏，单击"添加角色"按钮，如图4-19所示。

图4-19

步骤 2

在角色栏中，输入角色名称、添加角色描述，并上传音频文件，如图 4-20 所示。完成后单击右下角的"添加"按钮即可。

图4-20

2. 开始创作

基于提取的语音特征，模型能够生成与原始声音相似或完全相同的新声音，用于各种应用场景。

步骤 1

切换至"语音生成"栏，单击"分配角色"按钮，选择刚才添加的角色，如图 4-21 和图 4-22 所示。

图4-21

第 4 章 音频制作

图4-22

步骤 2

在下方的文本框内输入需要生成的音频内容,可以单击右下方的"+"按钮,分段输入,如图 4-23 所示。

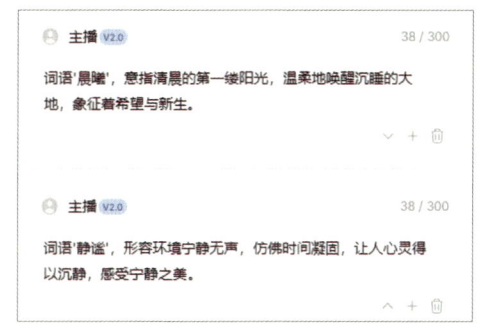

图4-23

步骤 3

完成后在"生成配置"栏中根据需求选择模式和风格,完成后单击下方的"开始生成"按钮,如图 4-24 所示。

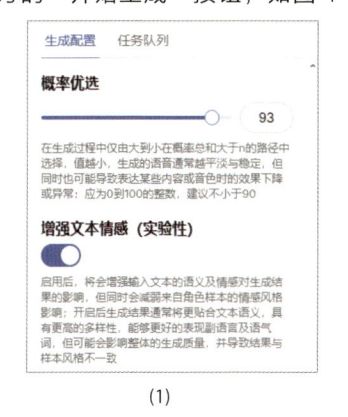

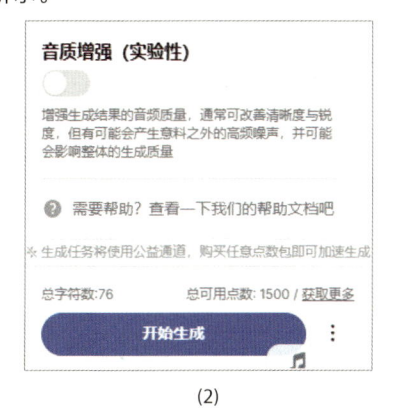

(1)　　　　　　　　　　　　　(2)

图4-24

181

4.5 制作多语种配音

多语种配音是指在不同的语言环境下,为影视作品、广告、纪录片、动画、游戏等内容提供多种语言配音的服务。这种服务旨在确保不同语言背景的观众能够以自己熟悉的语言去理解和欣赏这些作品,从而增强内容的国际传播力和接受度。

平台:抖音、小红书
工具:TTSMaker
方式:流量音频变现、抖音变现、
　　　小红书变现

案例展示

超级高水平!
这个配音软件
有点东西
点进来学!

超级高水平👍这个配音软件有点东西

案例实操

配音需要具备专业的语言能力和表演技巧,在准确理解并传达情感和信息的同时,保持配音的流畅性和自然性。AI技术可以保证配音内容的质量和效果。

下面将详细讲解制作多语种配音的过程。

1. 选择语言和声音

多语种配音涉及多种语言,包括但不限于英语、法语、德语、日语、韩语、俄语、阿拉伯语、西班牙语等,以及更多其他的语种。

步骤 1

打开 TTSMaker,在右侧的"选择文本语言"栏中,选择需要转换成的语言,如图 4-25 所示。

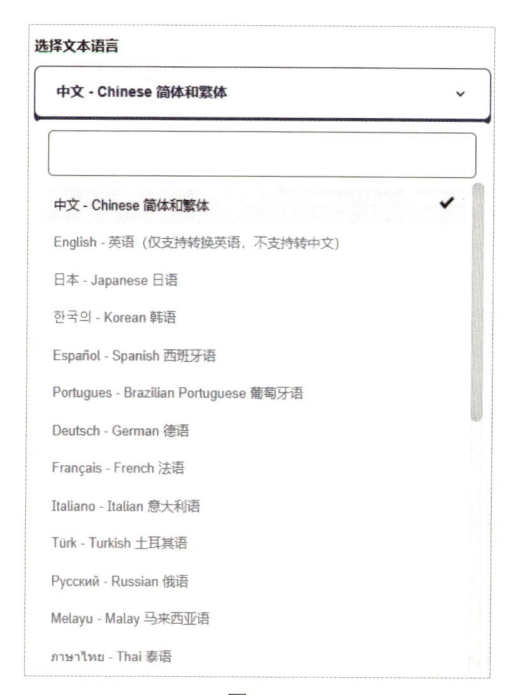

图4-25

步骤 2

对提供的声音进行试听，并根据需求选择喜欢的声音，如图4-26所示。

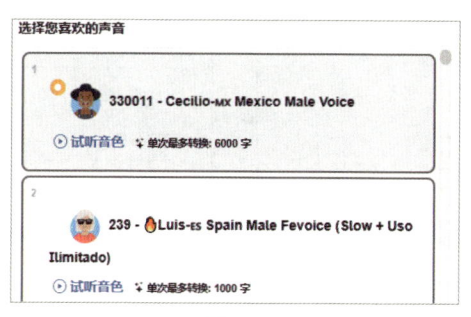

图4-26

2. 开始转换

配音需要考虑不同语言的文化背景和观众习惯，以确保配音内容既符合原片的意图，又能被目标语言观众所接受。

步骤 1

在左侧的文本框内输入需要生成的音频内容,并根据需求在合适的地方插入适当的停顿,如图 4-27 所示。

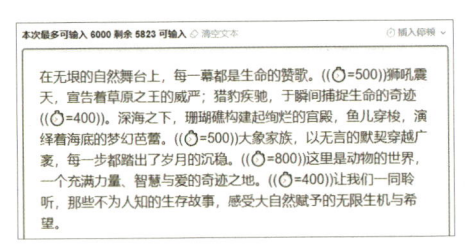

图4-27

步骤 2

完成后单击左侧的"高级设置"按钮,可在面板内进行质量、语速、音量和音高等的调节,完成后单击"开始转换"按钮,如图 4-28 所示。

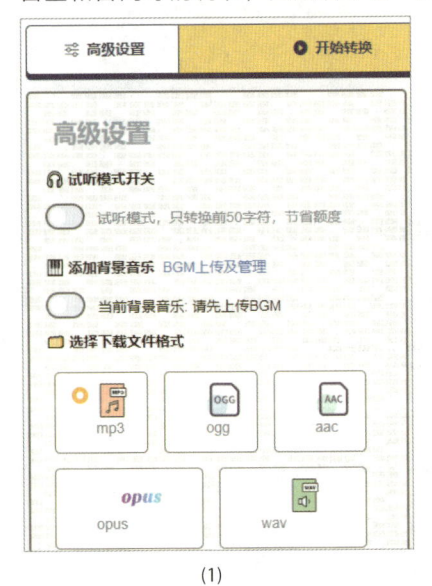

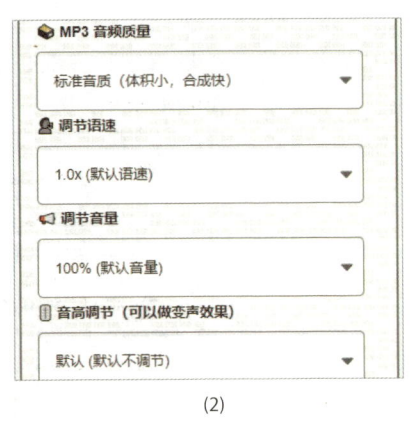

(1)　　　　　　　　　　　　(2)

图4-28

第 5 章

其他创业方式

除了文字、图片、视频和音频等 AI 创业方式外可供探索,还有其他创业方式可供探索,如 PPT 制作、文创产品设计、UI 设计等。

5.1 制作招商方案 PPT

招商方案 PPT 是指在招商引资活动中用来展示招商计划、策略、条件等内容的演示文稿，旨在吸引潜在的投资商、加盟商或合作伙伴。

- 平台：抖音、小红书
- 工具：文心一言、博思白板
- 方式：办公变现、抖音变现、小红书变现、商业合作变现

案例展示

案例实操

一个好的招商方案 PPT 需要做到内容清晰、逻辑性强、视觉效果好，以便让潜在的投资者能够快速了解项目的亮点和投资价值。

下面将详细讲解制作招商方案 PPT 的过程。

1. 创作文本内容

PPT 中的文本内容是非常重要的，因为它直接影响着演示的效果，一个好的文本内容可以帮助投资者更快地了解演示的重点。

打开文心一言，在底部对话框中输入要求，生成的内容如图 5-1 所示。

2. 创作 PPT 内容

博思白板（boardmix）可以通过在线的方式来进行 PPT 的制作，用户可以通过简单的描述来快速生成一份完整的 PPT。

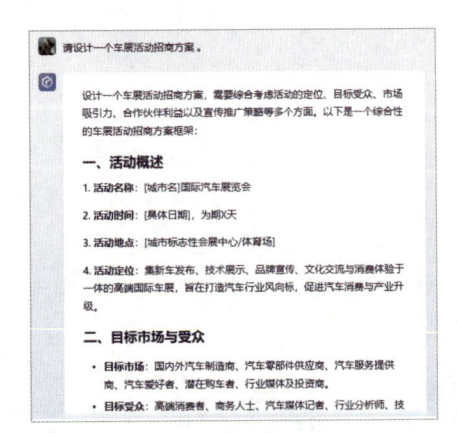

图5-1

第 5 章 其他创业方式

步骤 1

在博思白板首页中单击"演示文稿"按钮，然后单击"粘贴文本"中的"开始使用"按钮，如图5-2所示。

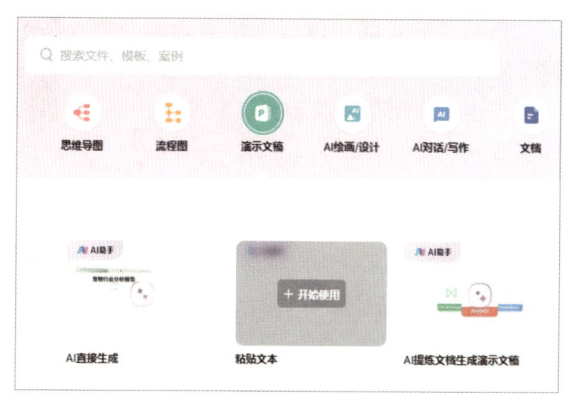

图5-2

步骤 2

在文本框中粘贴车展活动招商方案的文本内容，然后单击"下一步"按钮，如图 5-3 所示。

一、活动概述
1. 活动名称：重庆国际汽车展览会

2. 活动时间：2024.7.29, 为期10天

3. 活动地点：[龙兴体育场]

4. 活动定位：集新车发布、技术展示、品牌宣传、文化交流与消费体验于一体的高端国际车展，旨在打造汽车行业风向标，促进汽车消费与产业升级。

二、目标市场与受众
目标市场：国内外汽车制造商、汽车零部件供应商、汽车服务提供商、汽车爱好者、潜在购车者、行业媒体及投资商。
目标受众：高端消费者、商务人士、汽车媒体记者、行业分析师、技术专家及普通市民。
三、招商策略
1. 展位招商
展位划分：根据参展品牌、车型及展示需求，划分为豪华品牌区、新能源汽车区、自主品牌区、概念车展区、零部件及服务区等。
优惠政策：提供早鸟优惠、多展位折扣、品牌联名展位等灵活多样的合作方式，吸引更多品牌参与。
增值服务：提供定制化展位设计、现场搭建、物流运输、安保清洁等一站式服务。

图5-3

187

步骤 3

在跳转的页面中选择符合需求的PPT主题，例如选择"商务"主题，然后单击"开始生成演示文稿"按钮，如图 5-4 所示。

图5-4

步骤 4

生成 PPT 之后，可以根据自己的需求对内容进行修改，如图 5-5 所示。修改完成后，单击页面中"导出文件"中的"演示文稿"按钮，如图 5-6 所示。最终效果如图 5-7 所示。

图5-5

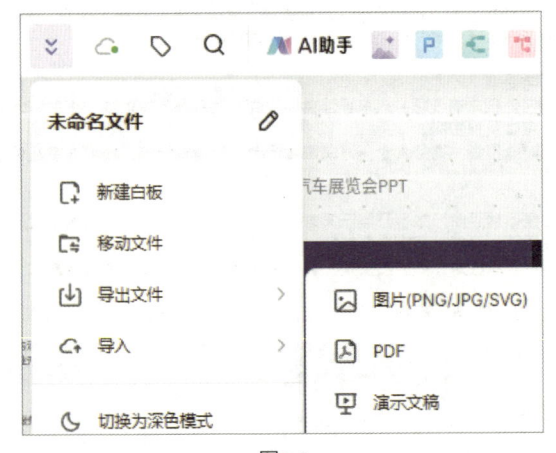

图5-6

图5-7

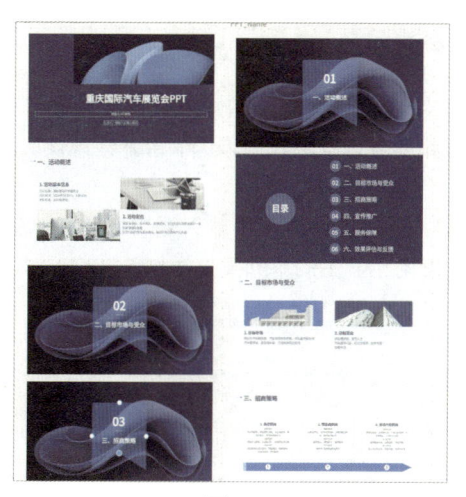

5.2 制作科普知识 PPT

科普知识 PPT 是一种用来传播科学知识和技术信息的教学工具，它通常用于向非专业观众介绍复杂的科学概念或技术原理，使这些信息变得易于理解和接受。

- 平台：抖音、小红书
- 工具：通义千问、ChatPPT
- 方式：办公变现、抖音变现、小红书变现、教学变现

案例展示

案例实操

科普知识 PPT 的用途非常广泛，可应用于学校课堂、科普讲座、社区活动等多种场合。

下面将详细讲解制作科普知识 PPT 的过程。

1. 生成演示文稿内容

演示文稿的文字内容只有简洁有力,才能够帮助观众记住关键信息。使用关键词、列表和要点可以更好地传达信息并让观众加深印象。

打开通义千问,在底部对话框中输入要求,比如"生成一个科普知识PPT的文案内容,面向小学生的基础天文学科普PPT。"如图5-8所示。

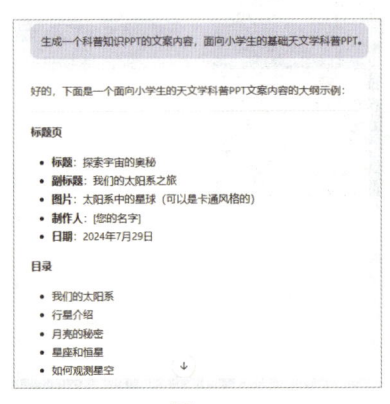

图5-8

2. 创作 PPT 内容

ChatPPT可帮助创作者创建PPT演示文稿或类似的材料。只要告诉AI需要的特定主题,AI就会根据指令自动生成一个初步版本以便编辑和完善。

步骤 1

打开ChatPPT,在首页单击"导入本地大纲"按钮,如图5-9所示。然后,复制并粘贴生成的文本内容,单击"确定"按钮,如图5-10所示。

图5-9

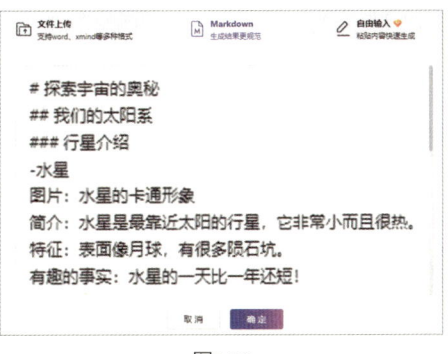

图5-10

步骤 2

PPT大纲生成后，如果需要调整大纲内容，单击该部分文字即可进行修改。如果认为大纲基本符合需求，可单击下方的"挑选PPT模板"按钮，如图5-11所示。

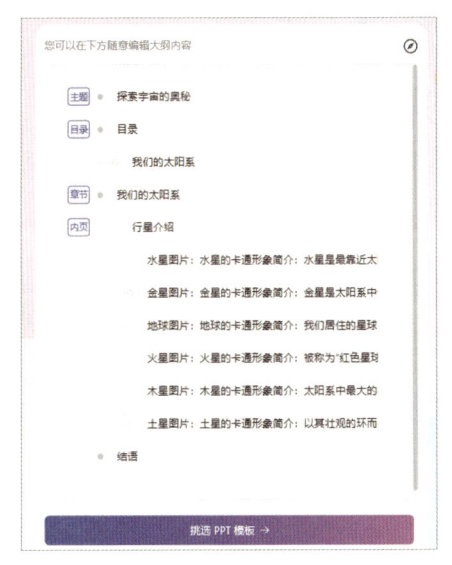

图5-11

步骤 3

根据需求选择模板场景、设计风格和主题颜色，然后挑选喜欢的模板，完成后单击"生成PPT"按钮，如图5-12所示。

图5-12

步骤 4

生成PPT之后，可以在页面内进行预览，如图5-13所示。单击页面下方的"下载"按钮，即可下载该PPT，如图5-14所示。

图5-13

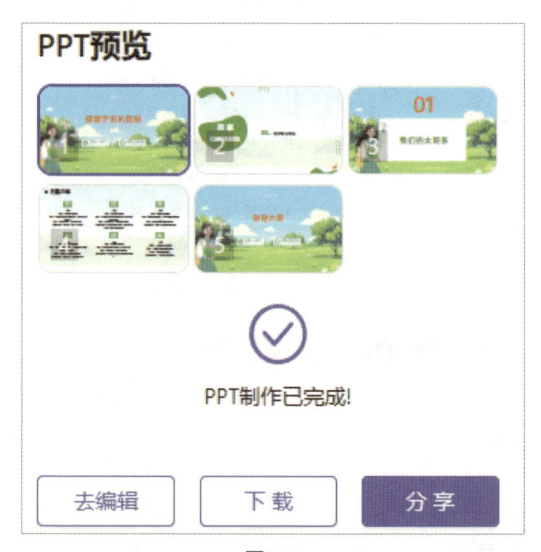

图5-14

5.3 设计文创产品

文创产品中的亚克力挂件是一种流行的装饰品和纪念品,它通常由透明的或彩色的亚克力材料制成,可以通过雕刻、印刷或者贴膜等方式添加图案或文字。

- 平台:淘宝、抖音、小红书
- 工具:Midjourney、Photoshop
- 方式:抖音变现、小红书变现

案例展示

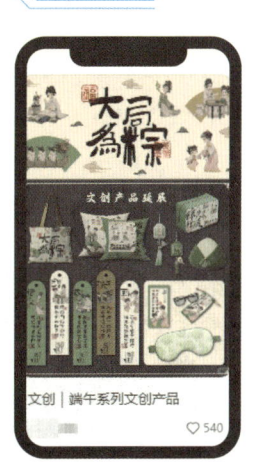

案例实操

文创产品的设计注重用户体验,设计的产品不仅要美观实用,还需要面向市场需求,从而满足消费者的个性化需求。

1. 创作图像

图像的创作是设计文创产品的第一步,是传递信息、激发情感和促进交流的重要工具。

步骤 1

打开 Midjourney,在界面下方的文本框内输入英文符号"/",并选择"/imagine"命令,在"/imagine"命令后的 prompt 栏中输入提示词,如图 5-15 所示。

```
prompt  The prompt to imagine

/imagine
    prompt  A portrait design, a cute cartoon girl with white hair holds a
            bear doll, with an exaggerated expression of laughter, clean
            background, doodle in the style of Keith Haring, bold lines and
            solid colors, sharpie illustration, center the composition, face
            shot, Minimalist --niji 6
```

图5-15

步骤 2

在生成的 4 张图像中，选择最喜欢的一张（U1）保存，如图 5-16 所示。

2. 制作产品

完成图像的制作后，可以采用平面设计软件进行图案设计，如 Photoshop 等。

图5-16

步骤 1

打开 Photoshop，导入自己的样机图，在右侧的工具栏中找到样机图层，并双击。在跳出的界面中选择"文件"，单击"置入嵌入对象"按钮，导入图像，如图 5-17 和图 5-18 所示。

图5-17

图5-18

步骤 2

根据样机大小调整图像，完成后按住快捷键 Ctrl+S，弹出对话框，单击"置入"按钮，如图 5-19 所示。

第 5 章 其他创业方式

图5-19

步骤 3

双击背景图层，根据需求选择自己喜欢的颜色效果，如图 5-20 所示。最终效果如图 5-21 所示。

图5-20

图5-21

195

5.4 设计 UI

UI设计，英文全称是 User Interface Design，即用户界面设计，是指对软件的人机交互、操作逻辑、界面美观的整体设计。UI设计不仅让软件变得个性有品位，还让软件的操作变得舒适、简单、自由，能充分体现出软件的定位和特点。

- 平台：抖音、小红书
- 工具：DeepSeek、即时AI
- 方式：抖音变现、小红书变现

案例展示

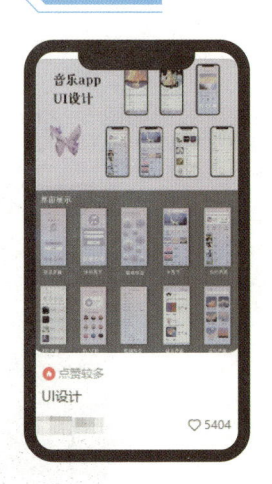

案例实操

UI设计通过色彩、字体、图标、图片等元素，创造出美观、吸引人的界面，提升用户的视觉体验。UI设计不仅要符合产品的品牌形象，也要考虑用户的使用习惯和审美偏好。

下面将详细讲解设计UI的过程。

1. 生成 UI 描述

在进行UI设计前，首先要结合用户在使用产品时的交互体验，包括信息架构、用户流程、界面元素布局等，从而生成精准的UI描述。

打开DeepSeek，在对话框中输入指令，比如"请生成一款有关智能照明系统的UI描述。"按Enter键或单击箭头符号发送，即可得到一段UI描述，如图5-22所示。

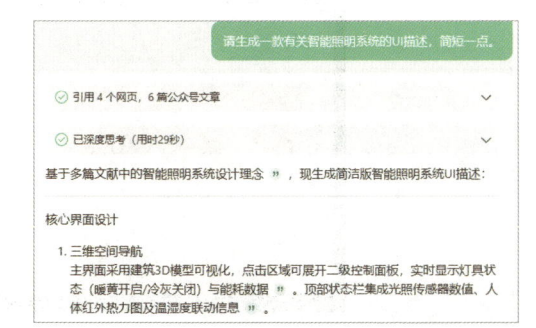

图5-22

196

2. 生成 UI 设计

使用 AI 工具，可以制作 UI 产品的原型，以便展示产品的基本概念。

步骤 1

进入即时 AI 界面，在左侧的信息框中选择自己的产品类型，复制并粘贴生成的 UI 描述，即可得到一套完整的用户界面，如图 5-23 所示。

图5-23

步骤 2

在给出的模板基础上，单击右上方的"编辑"按钮，即可进入编辑界面，根据自己的需求调整细节，如图 5-24 所示。

图5-24

步骤 3

编辑完成后，可以选择单击右上方的"保存至工作台"按钮，便于下次编辑，或单击右下方的"导出"按钮，直接应用。